SILVIA PIMENTEL E MARIA MENDES

Estereótipos de gênero

Como são julgados os crimes de estupro e demais vioências sexuais contra as mulheres?

SILVIA PIMENTEL E MARIA MENDES

Estereótipos de gênero

Como são julgados os crimes de estupro e demais vioências sexuais contra as mulheres?

MATRIOSKA
EDITORA

Publisher-Editorial: Luciana Félix
Publisher-Comercial: Patrícia Melo
Revisão: Equipe Matrioska Editora
Editoração e capa: Thiago Ansel
Imagem da capa: Konstantin Gerber

Matrioska Editora Atendimento e venda direta ao leitor:
www.matrioskaeditora.com.br contato@matrioskaeditora.com.br facebook.com/matrioskaeditora instagram.com/matrioskaeditora

Dados Internacionais de Catalogação na Publicação (CIP)
(Câmara Brasileira do Livro, SP, Brasil)

Pimentel, Silvia
Estereótipos de gênero : como são julgados os crimes de estupro e demais violências sexuais contra as mulheres? / Silvia Pimentel, Maria Mendes ; prefácio Angélica de Maria Melo de Almeida. -- 1. ed. -- São Paulo : Matrioska Editora, 2023.

Bibliografia.
ISBN 978-65-86985-98-6

1. Direito das mulheres - Brasil 2. Diversidade sexual 3. Gênero e sexualidade 4. Identidade de gênero 5. Mulheres - Direitos 6. Mulheres - Vitimas de violência 7. Violência contra mulheres I. Mendes, Maria. II. Almeida, prefácio Angélica de Maria Melo de. III. Título.

23-145874 CDU-34:396.2

Índices para catálogo sistemático:

1. Direito das mulheres 34:396.2

Aline Graziele Benitez - Bibliotecária - CRB-1/3129

Impresso no Brasil 2023

Agradecemos aos escritórios parceiros:

BFAP
BARROS FILHO & ALMEIDA PRADO

MANESCO, RAMIRES, PEREZ, AZEVEDO MARQUES
SOCIEDADE DE ADVOGADOS

ARAUJO RECCHIA SANTOS
SOCIEDADE DE ADVOGADAS

BBZG
Bazzo Barwinski & Zortéa Garcia
ADVOCACIA

NISHIZAWA.
ADVOCACIA

caires marques &mazzaro
advogados

DIAS BRANDÃO MAGGI LIMA.
advocacia

GARZILLO DE AZEVEDO MARQUES
ADVOGADOS

HERNANDEZ LERNER
& MIRANDA
ADVOCACIA

IASP
INSTITUTO
DOS ADVOGADOS
DE SÃO PAULO

IBADFEM
INSTITUTO BAIANO DE DIREITO E FEMINISMOS

Laura Lucas
Advocacia

LACERDAGAMA
ADVOGADOS ASSOCIADOS

GHBP Advogados

CRISTINA ALVES TUBINO
ADVOCACIA

"In dubio pro stereotypo"

Silvia Pimentel e Valéria Pandjiarjian

"O pensamento jurídico crítico emergente, em sua vertente feminista, encontra respaldo e alimento nessa pesquisa que revela a ideologia patriarcal/machista em relação às mulheres, verdadeira violência de gênero, perpetrada por vários operadores do Direito, os quais, mais do que seguirem o princípio clássico da doutrina jurídico penal - in dubio pro reo - valem-se precipuamente da normativa social *in dubio pro stereotypo*".

PIMENTEL, Silvia; SCHRITZMEYER, Ana Lúcia P. PANDJIARJIAN, Valéria. Estupro: crime ou "cortesia"? Abordagem sociojuridica de gênero. Porto Alegre: Sergio Antonio Fabris Editor, 1998. p. 206-207.

SUMÁRIO

Agradecimentos 18

Prefácio, por Angélica de Maria Mello de Almeida 22

Apresentação 28

1. Introdução 32

2. Por que é necessário que todos os estudantes e profissionais de Direito conheçam, sejam sensíveis e conscientes sobre os estereótipos de gênero? Por que isso é imprescindível nos casos de estupro e de outras violências sexuais? 36

3. Quais os principais conceitos para compreender a "cegueira de gênero" no Direito? 50

a. Sexo 51

b. Gênero 52

c. Identidade de gênero 58

d. Discriminação de gênero 59

e. Violência de gênero contra a mulher 63

f. Estereótipos de gênero 66

g. Cultura do estupro 68

h. Interseccionalidade 69

i. "Ideologia de gênero" 73

4. De que forma as mulheres foram tratadas historicamente e como isso influenciou o Direito? Quais os impactos disso na tutela dos direitos sexuais? 78

5. Como a dignidade sexual é tutelada hoje? 96

a. Crimes contra a liberdade sexual 100

i. Estupro 100
ii. Violação sexual mediante fraude 101
iii. Importunação sexual 102
iv. Assédio sexual 103
b. Da exposição da intimidade sexual 104
i. Registro não autorizado da intimidade sexual 104
c. Dos crimes sexuais contra vulnerável 105
i. Estupro de vulnerável 105
ii. Corrupção de menores 107
iii. Satisfação de lascívia mediante presença de criança ou adolescente 108
iv. Favorecimento da prostituição ou de outra forma de exploração sexual de criança ou adolescente ou de vulnerável 109
v. Divulgação de cena de estupro ou de cena de estupro de vulnerável, de cena de sexo ou de pornografia 109

d. Estupro coletivo e estupro corretivo 110

i. Estupro coletivo 111

ii. Estupro corretivo 111

6. "*In dubio pro stereotypo*" - Como os estereótipos de gênero repercutiram e repercutem na prática jurídica? 114

a. Casos referenciais do livro "Estupro: crime ou 'cortesia'? Abordagem sociojurídica de gênero", de 1998. 117

b. Casos referenciais da pesquisa "Estupro: análise preliminar de estereótipos de gênero no sistema de justiça brasileiro", de 2022 124

c. Reflexões sobre passado, presente e futuro. Resistimos e insistimos, mas avançamos? 130

Bibliografia 138

Anexos 146

Agradecimentos

Este pequeno livro é resultado do trabalho de diversas mãos, muitos neurônios e emoções, como costumam ser as obras do Grupo de Pesquisa Direito, Discriminação de Gênero e Igualdade, da Faculdade de Direito da PUC-SP. As ideias nele apresentadas são das várias cabeças pensantes que compõem o grupo de feministas de todas as idades, que se empenham em pensar a realidade das mulheres e em ferramentas para mudar essa realidade.

Agradecemos, especialmente, pelas importantes contribuições de Adriana Gregorut e Beatriz Pereira, autoras da pesquisa “Estupro: análise preliminar de estereótipos de gênero no sistema de justiça brasileiro”, que serviu de subsídio para a presente obra. Também, pela dedicação da Professora Mônica de Mello, vice-coordenadora do Grupo de Pesquisa e Pró-Reitora de Cultura e Relações Comunitárias da PUC-SP, a este trabalho, principalmente ao tratar da importância da perspectiva de gênero no ensino jurídico. Agradecemos, ainda, à Professora Alice Bianchini, por contribuir com sua expertise em Direito Penal, e à Núbia Caroline, que acrescentou referências importantes a este livro.

Nossa gratidão, também, à Doutora Angélica de Maria Mello de Almeida, desembargadora feminista histórica, recém aposentada, por todo trabalho desenvolvido em sua carreira em prol da igualdade e da inclusão da perspectiva de gênero nos processos judiciais, bem como por ter prefaciado este texto.

Por fim, agradecemos ao Programa de Incentivo à Pesquisa da PUC-SP, e à Pontifícia Universidade Católica de São Paulo, pelo apoio e financiamento da pesquisa piloto que impulsionou este trabalho.

DESEMBARGADORA
ANGÉLICA DE MARIA MELLO DE ALMEIDA

Prefácio

Este libreto da professora Silvia Pimentel, jurista, pioneira do feminismo jurídico brasileiro, e da bacharela em direito Maria Mendes, recém graduada com menção honrosa, representa ao mesmo tempo um estímulo e um desafio, não apenas aos estudantes, mas também aos operadores e operadoras do direito, na medida em que, de forma pedagógica, alerta para o papel insidioso dos estereótipos de gênero na realidade jurídica.

Ao focar nos crimes de estupro e demais violências sexuais contra as mulheres, apresenta breve retrospectiva histórica do papel fundamental da luta do movimento feminista para assegurar a igualdade na Constituição de 1988, em especial no que diz respeito à violência contra as mulheres. Quanto aos crimes sexuais contra mulheres e meninas, interessante o destaque dado às conquistas legislativas no sentido de despir a legislação penal brasileira de preconceitos e estereótipos de gênero. Assim sendo, foram extirpados tipos penais que escondiam uma trágica seletividade, apenas protegendo a mulher se e quando ela correspondesse a determinados padrões e/ou atributos de ordem moral ou mesmo física.

O realce dado à Convenção Interamericana para Prevenir, Punir e Erradicar a Violência contra a Mulher - Convenção de Belém do Pará (1994) e à Lei Maria da Penha (Lei 11.340/2006) aponta para a relevância da introdução do conceito de gênero, de forma expressa, no ordenamento jurídico brasileiro. Vale dizer, gênero como categoria de análise jurídica a viabilizar a atuação mais igualitária, no sistema de justiça, na medida em que normas jurídicas aparentemente objetivas e neutras atingem homens e mulheres de forma diferente.

Abordagem que, apenas muito recentemente tem se aproximado dos operadores e operadoras do direito e dos bancos acadêmicos de algumas poucas faculdades de direito brasileiras.

A relevância do destaque dado ao pensamento de autoras mulheres, juristas e profissionais de outros saberes, junto com a rica indicação bibliográfica, permite que o leitor deste trabalho conheça diversas obras essenciais para reverter o estado "generificado, racializado e elitizado" do ensino jurídico.

Ao apontar para a necessidade da análise com perspectiva de gênero, em contexto social como o nosso, de estrutura patriarcal, hierarquizada, a obra dá ênfase a fatores, que devem ter exame entrelaçado: raça, etnia, classe, entre outros. Ainda, ressalta a presença de relações sociais assimétricas, que atingem de modo diverso, mulheres e meninas: negras, indígenas, LGBTQIAPN+, quilombolas, com deficiência, entre outras.

O cotejo de casos emblemáticos de estupro, captados nas pesquisas, que distam vinte anos entre elas, evidencia que, embora o panorama da legislação penal brasileira tenha se alterado sensivelmente, ainda remanescem, na atuação dos operadores e operadoras de direito, estereótipos de gênero, que afetam o direito das mulheres e meninas à proteção da liberdade sexual. Evidencia, também, a reprodução de discriminações e ideias preconcebidas, ainda que de forma sutil, tanto na condução da investigação dos casos, quanto no desenrolar do processo penal, acabando por culminar, nas decisões judiciais, quer em primeiro grau, quer em segundo grau de jurisdição.

Daí a preocupação no destaque de certos conceitos, que propiciam a compreensão e o diagnóstico da violência de gênero contra as mulheres e meninas: sexo, gênero, identidade de gênero, discriminação contra a mulher, violência de gênero contra a mulher, estereótipos de gênero, cultura do estupro, ideologia de gênero.

Como asseveram as autoras, "o tratamento destinado às vítimas, em processos criminais, tanto na fase de inquérito, quanto na fase judicial, tem sido uma espécie de termômetro da evolução da proteção jurídica às mulheres." Em se tratando de crimes sexuais, chamam a atenção para a desconfiança, na palavra da mulher, ao dar a conhecer a violência sexual a que foi submetida e destacam que, muitas vezes, as vítimas têm a intimidade invadida de forma desrespeitosa; ao prestarem declarações, são constrangidas a responder indagações preconceituosas a respeito de sua vida sexual, grau e/ou intensidade da resistência, ou, tempo de duração do seu dissenso, ou mesmo, a obrigação de demonstrar que o cenário do estupro não dava ensejo à reação tal ou qual.

Concordo, plenamente, com as autoras sobre ser necessária a perspectiva de gênero nos julgamentos dos crimes de estupro e demais violências sexuais para, assim, assegurar às meninas e mulheres a tutela efetiva do direito à liberdade sexual. Para tal, é imprescindível que a educação jurídica com perspectiva de gênero esteja presente em todas Faculdades de Direito do país.

Apresentação

Como são julgados os crimes de estupro e demais violências sexuais contra as mulheres?

A pergunta que dá nome a este livro é essencial para as juristas feministas, que reivindicam a devida investigação, processamento e julgamento dos crimes contra a dignidade sexual. A partir dos esforços dos movimentos de mulheres, tivemos avanços legislativos, como a redação de novas leis e alteração de antigas sobre a devida proteção penal dos direitos sexuais das mulheres. Entretanto, a alteração da realidade social para garantia desses direitos é um processo longo e complexo, e isso se reflete na interpretação e aplicação das normas sobre o tema e, portanto, nos julgamentos de crimes de estupro e demais violências sexuais contra as mulheres. Nesses processos, observamos claramente a presença dos estereótipos de gênero, consequência da reprodução, no Judiciário, dos eixos de opressão gênero-raça-classe-patriarcado, estruturantes e fundantes da nossa sociedade.

A partir dessa pergunta, o que pretendemos não é esgotar o tema, mas propor reflexão e contribuir para que avancemos na proteção jurídica dos direitos sexuais das mulheres.

De forma didática, a obra se propõe a conscientizar sobre os estereótipos de gênero, mostrar o seu impacto no Sistema de Justiça, apresentar alguns conceitos basilares da teoria feminista do Direito e contribuir com a formação jurídica das futuras e atuais operadoras e operadores do Direito. Ou seja, trata-se de material educativo, que visa auxiliar no processo de ensino e aprendizagem quanto à compreensão da perspectiva de gênero no Direito. Contamos, para isso, com o importante apoio do Programa de Incentivo à Pesquisa da Pontifícia Universidade Católica de São Paulo.

Esperamos que o nosso texto represente um convite aos leitores para que se debrucem sobre a perspectiva de gênero que, além de imprescindível na formação dos operadores do Direito, do futuro e do presente, é condição necessária à realização da Justiça para meninas e mulheres em nosso país. Pretendemos contribuir para o despertar das consciências sobre o feminismo e na compreensão que a superação da cegueira de gênero, mais que um desafio, é um imperativo.

1. Introdução

O julgamento de crimes que envolvem violência contra as mulheres é, para as feministas, um objeto de análise constante. Ao longo dos anos, observar o tratamento destinado às vítimas nesses processos criminais, tanto na fase de inquérito, quanto na fase judicial, tem sido uma espécie de termômetro da evolução da proteção jurídica às mulheres.

A primeira pesquisa de repercussão, nesse sentido, é de autoria de Danielle Ardaillon e Guita Grin Debert, que, em 1987, publicaram seus resultados no livro “Quando a vítima é mulher: análise de julgamentos de crimes de estupro, espancamento e homicídio". Na obra, são identificados os estereótipos de gênero e outros mecanismos policiais e judiciais que, baseados em valores, crenças e símbolos da sociedade, interferem nos julgamentos de casos de violência contra a mulher. A constatação das autoras, à época, foi de que, nos processos, as mulheres são revitimizadas e a atuação estatal, que deveria ser de proteção a elas, na verdade, se dá invertendo os papéis no processo e aplicando preconceitos nas sentenças judiciais.

Uma década depois, eu, Silvia, junto com Ana Lúcia Pastore Schritzmeyer e Valéria Pandjiarjian, publicamos o livro "Estupro: crime ou cortesia? Abordagem sociojurídica de gênero". Nele, apresentamos um estudo sobre processos que julgavam especificamente casos de violência sexual contra mulheres no Brasil, com amostragem de cada uma das cinco regiões do país. Mais uma vez, constatou-se que os estereótipos de gênero estavam presentes, inclusive nas sentenças, e que as vítimas eram constantemente colocadas no banco dos réus.

Hoje, observamos significativas alterações na legislação brasileira, mas não necessariamente vemos o reflexo dessas mudanças na interpretação e aplicação das leis. Por essa razão, o Grupo de Pesquisa Direito, Discriminação de Gênero e Igualdade, da Pontifícia Universidade Católica de São Paulo (PUC-SP), em parceria com o Instituto Lawgorithm e o Instituto de Matemática e Estatística da Universidade de São Paulo (IME-USP), vem desenvolvendo projeto de pesquisa para averiguar se têm havido, nas últimas décadas, mudanças jurisprudenciais significativas e, mais ainda, mudanças de percepção das operadoras e operadores do direito.

Dentro desse projeto de pesquisa, foi realizado um estudo piloto chamado "Estupro: análise preliminar de estereótipos de gênero no sistema de justiça brasileiro", cujos resultados, comparados com os do livro "Estupro: crime ou 'cortesia'", fundamentaram este livrinho.

2. Por que é necessário que todos os estudantes e profissionais de Direito conheçam, sejam sensíveis e conscientes sobre os estereótipos de gênero? Por que isso é imprescindível nos casos de estupro e de outras violências sexuais?

O O Direito reproduz discriminações, preconceitos e estereótipos presentes na sociedade, seja por meio das normas estabelecidas, seja por meio da sua interpretação e aplicação pelo Sistema de Justiça e, inclusive, por aqueles que ensinam e pesquisam sobre ele. As normas brasileiras são, até hoje, redigidas e interpretadas pela maioria masculina, branca e burguesa que compõe o legislativo, o executivo e o judiciário. Da mesma forma, o ensino jurídico é generificado, racializado e elitizado, tanto em seu corpo docente, quanto no discente. Os eixos estruturais de opressão têm reflexo nas pedagogias utilizadas nas Faculdades de Direito, quando, além de serem ignorados pela maioria, há apagamento e silenciamento de autoras mulheres e, muito especialmente de autoras e autores negros, negligenciando as realidades e reinvidicações desses segmentos.

Sobre a reprodução da discriminação contra as mulheres no Direito, vale destacar o pensamento de Frances Olsen[1]. A autora explica que, desde o liberalismo clássico, o pensamento se estrutura através de dualismos ou pares de termos opostos (racional/irracional, ativo/passivo, razão/emoção, natureza/cultura, abstrato/concreto, objetivo/subjetivo etc.). Esse sistema de dualismos, segundo a autora, é sexualizado, ou seja, um termo do dualismo é considerado masculino e o outro, feminino. Ainda, os termos não estão em pé de igualdade, mas hierarquizados, sendo que aquele identificado como masculino é considerado superior. Frances Olsen conclui que o Direito se identifica com os termos "masculinos" e,

---

[1] OLSEN, Frances, 2000, apud MELO, Mônica de, 2022.

portanto, “superiores” nos dualismos. Supõe-se que o Direito é racional, objetivo, abstrato e universal - tal como os homens consideram a si mesmos - e que não é irracional, subjetivo ou personalizado - tal como os homens consideram que são as mulheres.

A diferença sexual, no Sistema de Justiça, foi convertida em desigual tratamento legal, porque o sexo masculino passou a ser o “modelo do humano”. Daí, como assinalam Alda Facio e Lorena Fries[2], revela-se que o Direito, enquanto construção de determinadas épocas e culturas, reflete a desigualdade existencial entre os sexos, e não é neutro, como muitas vezes se assume, em relação às mulheres.

Assim, o direito e as doutrinas jurídicas são parte de um “processo de fixação de gênero”, e eles estão permeados “pelo gênero, por relações econômicas e raciais, pela divisão sexual do trabalho e pela subjetividade dos doutrinadores envolvidos no processo”, pois consistem

---

[2] FACIO, Alda; FRIES, Lorena, 1999.

em um discurso que "insiste na rígida separação entre masculino e feminino e sequer reconhece a ideia de um continuum entre macho e fêmea criadas em um contexto social permeado[3]".

O mesmo ocorre em relação à raça: o Direito costuma ignorar as epistemologias negras, desconsiderando que gênero e raça são matrizes de dominação. Por isso, é imprescindível o pensamento feminista negro como teoria social crítica. É preciso trabalhar, dentro do Sistema Jurídico, conceitos como os de matrizes de dominação, decolonialidade, interseccionalidade, imagens de controle, micro agressões e necropolítica, e autoras como Sueli Carneiro, Conceição Evaristo, Angela Davis, bell hooks, Patricia Hill Collins, Kimberlé Crenshaw, Tula Pires, Djamila Ribeiro, entre tantas outras.

Assim como Sueli Carneiro[4] afirmou ser preciso "enegrecer o feminismo", é preciso enegrecer,

---

[3] FACIO, Alda; FRIES, Lorena, 1999.

[4] CARNEIRO, Sueli, 2018.

generificar e aplicar a perspectiva de classe ao ensino jurídico. Isso deve ser feito partindo das teorias fundantes do Direito, como, por exemplo, os conceitos de "sujeito de direito" e "Estado de Direito".

Por causa dessa necessidade, existe uma permanente tensão entre o sistema de direito posto e as reivindicações dos mais diversos movimentos sociais que, por sua vez, procuram traduzir, em leis, doutrina e jurisprudência, uma plataforma emancipatória e garantidora de direitos. São valiosas as inúmeras teorias críticas do direito, buscando a superação de mitos e dogmas, dentre eles o de que basta a igualdade formal e neutra. Este aspecto tem sido cada vez melhor desenvolvidado pela teoria crítica feminista, que dedica à área dos crimes sexuais especial atenção. O que se propõe é a construção de ciências jurídicas verdadeiramente antidiscriminatórias e que não reproduzam classismo, sexismo, racismo e capacitismo, entre outros eixos de opressão.

Do ponto de vista da dogmática constitucional e do sistema internacional de proteção aos direitos humanos, é possível afirmar que as normas (ao menos em tese) protegem a todos da mesma forma. O fato é que, hoje, há uma igualdade formal de direitos em relação às mulheres, estabelecida seja internacionalmente, seja dentro da maioria dos países, através de suas Constituições e legislações infraconstitucionais. Todavia, é preciso superar os dispositivos normativos neutros e reconhecer que existe, materialmente, desigualdade de gênero.

A partir dessa concepção, o(s) feminismo(s), reivindicam, por vezes, a produção de normas específicas. Trata-se do que Norberto Bobbio[5] nomeou de processo de "especificação do sujeito de direito", isto é, da especificação das particularidades dos múltiplos sujeitos de direito. Nesse processo, a "categoria gênero", enquanto instrumental de análise teórica e de práxis **política** possibilita grandes avanços na busca da compreensão da estrutural desigualdade

---

[5] BOBBIO, Norberto, 2004.

entre homens e mulheres, o que é condição para a emancipação de mulheres e combate à opressão de gênero.

Quanto a violência sexual contra a mulher, houve grandes avanços legislativos, entretanto, o Judiciário, na prática, "tem se apresentado muito mais como instância reprodutora de desigualdades", como destacou a socióloga Wânia Pasinato, em seu artigo intitulado "Justiça Criminal e Violência Contra a Mulher: o papel da justiça na solução dos conflitos de gênero". E nós acrescentaríamos: precisamente, através da reprodução de estereótipos, preconceitos e discriminações ao interpretarem e aplicarem a lei.

Nesse sentido, a consciência crítica de gênero a respeito do Direito é imprescindível para a compreensão do fenômeno recorrente da violência sexual em relação às mulheres e meninas; para afastar dos processos judiciais as acusações, defesas e julgamentos injustos e preconceituosos. Acrescente-se ao gênero, também raça e classe, dentre outros eixos de opressão que, especialmente no Brasil, se inter-relacionam e se potencializam.

Silvia Chakian de Toledo Santos, por meio de análise da construção histórica da inferioridade feminina e da prevalência dos estereótipos de gênero, aborda elemento essencial dos julgamentos do crime de estupro: a palavra da mulher[6].

---

[6] Sobre o tema: em 2013, a pesquisadora Encarna Bodelón Gonzáles publicou estudo realizado em diversas cidades da Espanha, onde foram analisados 1369 procedimentos judiciais tratando de violência contra a mulher. além de entrevistar vítimas e profissionais, a partir dessas entrevistas, descreveu: "(...) la ya comentada idea de que las mujeres denuncian falsamente hechos de violencia de género/machista (...) está latente en los discursos de algunos profesionales entrevistados. En particular, en los de los jueces. Sin mencionarlo expresamente las imágenes estereotipadas que tienen los jueces entrevistados permite suponer que desde su punto de vista existen dos tipo de víctimas: a) las víctimas-víctimas, o víctimas reales y; b) las víctimas-no víctimas, o falsas víctimas." (CHAKIAN, Silvia. 2018, p. 23-28).

“(...) o medo de não ser acreditada tem relação com a dificuldade de demonstração desse tipo de violência, que pela sua própria natureza, ocorre às escondidas, quase sempre na clandestinidade, longe do olhar de testemunhas e que nem sempre deixa vestígios físicos”

“O cotidiano das delegacias, especializadas ou não, dos atendimentos perante os serviços da rede de enfrentamento à mulher em situação de violência e das varas judiciais onde tramitam os casos de violência contra a mulher demonstram que, não raras vezes, essas vítimas são recebidas com desconfiança”.

“(...) a desconfiança com que a mulher é ouvida nesses casos não se verifica na investigação de qualquer outro crime, inclusive aqueles classificados como hediondos, para os quais são previstas penas altas[7].”

---

[7] CHAKIAN, Silvia. 2018, p. 23-28.

Assim, percebe-se que o medo da estigmatização de serem consideradas mentirosas e/ou a certeza da impunidade dos agressores afastam as mulheres da proteção jurídica de crimes contra a sua dignidade sexual.

As manifestações e decisões conforme estereótipos, clichês e lugares comuns sociais (*topoi vivecta*) são muito mais cômodas e menos arriscadas do que ousar criativamente, a partir da elaboração do pensamento crítico. E é assim, ao nosso ver, que os operadores do Direito, na sua maioria, têm captado a realidade: negligenciando a percepção de sua complexa problemática e reproduzindo estereótipos, pois, dessa forma, eles se protegem do risco de um confronto com as profundas contradições sociais que permeiam as lides nas quais lhe competem atuar.

Priorizam o burocrático em detrimento do existencial. Ainda mais quando o sistema de justiça burocrático a que servem exige muito mais a solução formal dos litígios do que a busca “exaustiva” do pensamento, que leve a uma decisão inspirada pela prudência, equidade e justiça material.

Hannah Arendt discorre sobre a leviandade, o descuido, a negligência e a falta de maiores operações do pensamento com que as pessoas costumeiramente agem. A autora chama a atenção para a usual falta de um pensamento crítico, inclusive, em relação a "clichês, frases feitas, adesão ao convencional, códigos padronizados de expressão e conduta (...)."

Embora os *topoi* sejam conceitualizados com o fim de facilitar as relações sociais, eles, muitas vezes, contemplam estereótipos e graves injustiças, como o da mulher pecadora e mentirosa, que reproduz a ideia do Gênesis, em nosso mundo ocidental patriarcal. Vale ressaltar que essa concepção se repete em diferentes mitologias e culturas de todo o mundo, conforme a antropóloga Rita Segato[8].

---

[8] SEGATO, Rita. 2022, p. 14.

Nesse sentido, o grande desafio da humanidade, e especificamente dos operadores do direito, estaria, pois, na capacidade de viver, pensar e decidir sobre a realidade do mundo, buscando cuidadosamente selecionar, num vasto mar de ideias e valores historicamente sedimentados, aqueles que respeitam a dignidade humana de todas as pessoas, que respeitam **o outro, o diferente**, deixando de considerar apenas **o eu e o nós**. Isto vale, não apenas individualmente, mas também coletivamente, quando se trata de grupos e segmentos que se colocam hierarquicamente superiores a outros por causa da nacionalidade, religião, cultura, raça, classe, casta, ou qualquer outra razão, inclusive de gênero.

Em suma, é preciso descartar as ideias e valores que ressaltam o distanciamento e a hierarquização entre o "eu" o "outro" o que, em se tratando dos julgamentos de crimes contra a dignidade sexual da mulher, significa rejeitar a hierarquização do "eu" masculino sobre o "outro" feminino.

3. Quais os principais conceitos para compreender a “cegueira de gênero” no Direito?

Para que se possa enxergar o Direito através das lentes do gênero é preciso, antes, conhecer e refletir sobre a opressão patriarcal e machista, bem como compreender conceitos considerados basilares.. Neste capítulo, não se pretende exaurir temas, apenas dar pontapé inicial a essa compreensão.

a. Sexo. O Dicionário Oxford define sexo como o conjunto das características que diferenciam, numa espécie animal, incluindo os humanos, os machos e as fêmeas e que lhes permitem reproduzir-se. Segundo Antony Giddens, de forma geral, os sociólogos utilizam o termo sexo para se referirem às diferenças anatômicas e fisiológicas que definem o corpo humano[9]. Trata-se de termo que implicitamente carrega um determinismo biológico[10].

b. Gênero. O conceito de gênero concerne especificamente à categoria de pessoas e representa conceito histórico e dinâmico com vários conteúdos e significados[11].

Gênero abrange algumas definições, que enfatizam as "conotações sociais" em "contraste com as conotações físicas do sexo" e seu caráter relacional. Ao ser definido como relativo aos "contextos social e cultural", esse conceito permitiu a construção de diferentes sistemas de gênero e suas intersecções com outras categorias como raça, classe ou etnia. Esse novo paradigma provoca uma mudança na análise da discriminação contra as mulheres, porque

---

[9] GIDDENS, Anthony, 2008, p. 109.

[10] SCOTT, Joan, 1995, p. 72.

[11] PIMENTEL, Silvia. 2017, p. 1-37.

desconstroi a ideia da mulher universal, promovendo a compreensão da pluralidade e diversidade das mulheres[12].

Conforme Carmen Hein de Campos, gênero organiza a vida social, dá significado à dimensão de poder e estrutura a divisão sexual do trabalho[13].

A análise sócio-jurídica dos estereótipos de gênero parte da concepção de que "gênero" se refere a um conjunto de papéis que são conferidos à mulher como obrigatórios e dos quais ela não pode se afastar, sob pena de perder condicionantes que justificam o "respeito" que a sociedade lhe deve dedicar. Em outras palavras: à mulher cabe reconhecimento e respeito, muito menos pelo fato de ser pessoa, sujeito de direitos, do que por seu enquadramento na moldura de comportamento e atitudes que a sociedade patriarcal tradicionalmente lhe atri-

---

[12] SCOTT, Joan. 1992, p. 63-95, apud, BARWINSKI. Sandra Lia Bazzo. 2019, p.53.

[13] CAMPOS, Carmen Hein. 2011.

bui. As relações de gênero ou relações sociais entre os sexos devem ser analisadas dentro de um complexo contexto de poder e violência no qual se encontram inseridas[14].

O gênero deve ser entendido na sua concepção relacional enquanto variável de análise que, somada também às variáveis raça/etnia e classe social constituem, no entender de Heleieth Saffioti, os três pilares fundantes da sociedade[15].

Assim, gênero se refere a uma relação social que remete os indivíduos a uma categoria previamente constituída. Coloca em relação um indivíduo com outros, determina se ele é pertencente a uma certa categoria e o posiciona face a outros pertencentes a outras ca-

---

[14] PIMENTEL, Silvia; SCHRITZMEYER, Ana Lúcia P.PANDJIARJIAN, Valéria. 1998, p. 25.

[15] SAFFIOTI, Heleieth; ALMEIDA, Suely. 1995, p. 23. PIMENTEL, Silvia; SCHRITZMEYER, Ana Lúcia P.PANDJIARJIAN, Valéria. 1998, p. 25.

tegorias[16]. Gênero "não é apenas uma construção sócio-cultural, mas também um aparelho semiótico, um sistema de representação que atribui significado aos indivíduos no interior da sociedade[17]".

O estudo de Joan Scott sobre o conceito de gênero apresenta quatro categorias:

> "O núcleo da definição [de gênero] repousa numa conexão integral entre duas proposições: (1) o gênero é um elemento constitutivo de relações sociais baseadas nas diferenças percebidas entre os sexos e (2) o gênero é uma forma primária de dar significado às relações de poder. As mudanças na organização das relações sociais correspondem sempre a mudanças nas representações do poder, mas a mudança não é unidirecional. Como um elemento constitutivo das relações sociais

---

[16] Ibidem, p. 23-24.

[17] SAFFIOTI, Heleieth; ALMEIDA, Suely. 1995, p. 5, apud PIMENTEL, Silvia; SCHRITZMEYER, Ana Lúcia P. PANDJIARJIAN, Valéria. 1998, p. 23.

baseadas nas diferenças percebidas, **o gênero implica quatro elementos inter-relacionados: em primeiro lugar, os símbolos culturalmente disponíveis que evocam representações simbólicas (e com frequência contraditórias) – Eva e Maria como símbolos da mulher, por exemplo, na tradição cristã ocidental – mas também mitos de luz e escuridão, purificação e poluição, inocência e corrupção**. Para os/as historiadores/as, a questão importante é: que representações simbólicas são invocadas, como, e em quais contextos? Em segundo lugar, **conceitos normativos que expressam interpretações dos significados dos símbolos, que tentam limitar e conter suas possibilidades metafóricas**. Esses conceitos estão expressos nas doutrinas religiosas, educativas, científicas, políticas ou jurídicas e tomam a forma típica de uma oposição binária fixa, que afirma de maneira categórica e inequívoca o significado do homem e da mulher, do masculino e do feminino. (...) **O desafio da nova pesquisa histórica con-**

siste em fazer explodir essa noção de fixidez, em descobrir a natureza do debate ou da repressão que leva à aparência de uma permanência intemporal na representação binária do gênero. Esse tipo de análise deve incluir uma concepção de política, bem como uma referência às instituições e à organização social – este é o terceiro aspecto das relações de gênero. (...) Temos a necessidade de uma visão mais ampla que inclua não somente o parentesco, mas também (especialmente para as complexas sociedades modernas) o mercado de trabalho (um mercado de trabalho sexualmente segregado faz parte do processo de construção de gênero), a educação (as instituições de educação somente masculinas, não mistas, ou de coeducação fazem parte do mesmo processo) e o sistema político (o sufrágio universal masculino faz parte do processo de construção do gênero). (...) **O quarto aspecto do [conceito de] gênero é a identidade subjetiva. Concordo com a ideia da antropóloga Gayle Rubin de que a psicaná-**

lise fornece uma teoria importante sobre a reprodução do gênero, uma descrição da "transformação da sexualidade biológica dos indivíduos enquanto passam por um processo de enculturação[18]". (grifos nossos)

Essas quatro perspectivas de gênero apresentadas pela historiadora explicitam a assimetria de poder provocada pelas diferenças de gênero - que inter-relacionada com a organização social, cultural, econômica, política, jurídica e educacional, oprime as mulheres pelo simples fato de serem mulheres.

c. Identidade de gênero. Conforme o Protocolo para Julgamento com Perspectiva de Gênero, do Conselho Nacional de Justiça, identidade de gênero se refere à identificação pessoal com características socialmente atribuídas ao gênero. Assim, a concepção de gênero como construção social permite a compreensão de que é possível que os indivíduos se identifiquem com as características atri-

[18] SCOTT, Joan, 1995.

buídas às pessoas nascidas com o sexo biológico oposto ao seu. Nesse sentido, pessoas cujo sexo e gênero se alinham, são chamadas cisgênero; pessoas cujo sexo e gênero divergem, são chamadas transgênero; há também pessoas que não se identificam com nenhum gênero[19].

d. Discriminação contra a mulher. Conforme a Convenção Sobre a Eliminação de todas as Formas de Discriminação Contra a Mulher, ONU, de 1979, discriminação contra a mulher se refere a "toda a distinção, exclusão ou restrição baseada no sexo e que tenha por objeto ou resultado prejudicar ou anular o reconhecimento, gozo ou exercício pela mulher, independentemente de seu estado civil, com base na igualdade do homem e da mulher, dos direitos humanos e liberdades fundamentais nos campos político, econômico, social, cultural e civil ou em qualquer outro campo[20]."

---

[19] Protocolo para Julgamento com Perspectiva de Gênero do Conselho Nacional de Justiça, 2021.

[20] Convenção Sobre a Eliminação de todas as Formas de

Importante explicitar que o Comitê CEDAW, que monitora a aplicação da Convenção CEDAW/ONU, tem a atribuição, entre outras, de redigir Recomendações Gerais aos Estados, as quais não têm caráter vinculante, mas são um instrumento "interpretativo valioso para os Estados-parte, que esclarece e contextualiza os sentidos das normas previstas na Convenção, a natureza particular da discriminação e da violência contra as mulheres, bem como as várias medidas necessárias a serem realizadas por eles[21]".

Sobre o conceito acima destacado, em 1992 o Comitê CEDAW publicou a RG nº19, sobre a violência contra as mulheres, atualizada pela RG nº 35, de 2017, reiterando que a violência de gênero está contemplada pelo artigo 1º da Convenção CEDAW. Confira-se:

> Em sua Recomendação Geral n. 19 (1992) sobre a violência contra as mu-

---

Discriminação Contra a Mulher, ONU, 1979.

[21] PIMENTEL, Silvia; BIANCHINI, Alice, 2021, p. 186.

lheres, adotada em sua décima primeira sessão, o Comitê esclarece que a discriminação contra as mulheres, como definido no artigo 1.º da Convenção, **inclui a violência de gênero, ou seja, a "violência que é dirigida contra uma mulher porque ela é mulher ou que afeta as mulheres desproporcionalmente", e que se constitui violação de seus direitos humanos**. (item 1 da Introdução) (grifo nosso)

Assim, apesar do uso da expressão "distinção, exclusão ou restrição baseada no sexo", a Convenção CEDAW deve ser interpretada com base no conceito de gênero, entendimento também presente na Recomendação Geral n. 33, de 2015, sobre o acesso das mulheres à justiça, que, no seu escopo, esclarece:

> "7. A discriminação pode ser dirigida contra as mulheres por motivo de sexo e gênero. Gênero refere-se a identidades, atributos e papéis socialmente construídos para mulheres e homens e ao significado cultural imposto pela sociedade às diferenças biológicas, que se reproduzem constantemente no

sistema de justiça e suas instituições. Em virtude do artigo 5 (a) da Convenção, os Estados partes têm a obrigação de tornar visíveis e remover as barreiras sociais e culturais subjacentes, incluídos os estereótipos de gênero, que impedem as mulheres de exercer e reivindicar seus direitos e seu acesso a remédios efetivos.

8. A discriminação contra as mulheres, baseada em estereótipos de gênero, estigmas, normas culturais nocivas e patriarcais, e a violência baseada no gênero, que particularmente afeta as mulheres, têm um impacto adverso sobre a capacidade das mulheres para obter acesso à justiça em base de igualdade com os homens. Ademais, a discriminação contra as mulheres se vê agravada por fatores de intersecção que afetam algumas mulheres em graus ou modos diferentes daqueles que afetam os homens e outras mulheres. Os elementos para a discriminação interseccional ou composta podem incluir etnia/raça, condição de indígena ou minoria, cor, situação socioeconômica e / ou casta, língua, religião ou

> crença, opinião política, origem nacional, estado civil e/ou maternal, idade, localização urbana/rural, estado de saúde, deficiência, titularidade da propriedade e identidade como mulher lésbica, bissexual ou transgênero ou pessoa intersexual. Esses fatores de intersecção tornam mais difícil para mulheres pertencentes a esses grupos obter o acesso à justiça."

e. Violência de gênero contra a mulher. Interessante notar que quanto à violência de gênero e à proteção dos direitos humanos das mulheres, o sistema ONU e o sistema OEA atuam em verdadeira sincronia. Isso se observa na definição de violência de gênero contra a mulher da Convenção Interamericana para Prevenir, Punir e Erradicar a Violência contra a Mulher, "Convenção de Belém do Pará", OEA, de 1994, que, em muito, conversa com as Recomendações Gerais anteriormente citadas.

> "Para os efeitos desta Convenção, entender-se-á por violência contra a mulher qualquer ato ou conduta baseada no gênero, que cause morte, dano ou

sofrimento físico, sexual ou psicológico à mulher, tanto na esfera pública como na esfera privada. Entende-se que a violência contra a mulher abrange a violência física, sexual e psicológica: ocorrida no âmbito da família ou unidade doméstica ou em qualquer relação interpessoal, quer o agressor compartilhe, tenha compartilhado ou não a sua residência, incluindo-se, entre outras formas, o estupro, maus-tratos e abuso sexual; ocorrida na comunidade e cometida por qualquer pessoa, incluindo, entre outras formas, o estupro, abuso sexual, tortura, tráfico de mulheres, prostituição forçada, seqüestro e assédio sexual no local de trabalho, bem como em instituições educacionais, serviços de saúde ou qualquer outro local; e perpetrada ou tolerada pelo Estado ou seus agentes, onde quer que ocorra[22]."

Ressalte-se, ainda, que a Lei 11.340, de 2006,

---

[22] Convenção Interamericana para Prevenir, Punir e Erradicar a Violência contra a Mulher, "Convenção de Belém do Pará", 1994.

Lei Maria da Penha, cuja proposta basilar foi elaborada por um consórcio feminista, teve como base, justamente, essa definição de violência e a replica, restringindo-a ao âmbito privado, em seu artigo 5ª, para definir a violência doméstica e familiar contra a mulher:

> "Para os efeitos desta Lei, configura violência doméstica e familiar contra a mulher qualquer ação ou omissão baseada no gênero que lhe cause morte, lesão, sofrimento físico, sexual ou psicológico e dano moral ou patrimonial: I - no âmbito da unidade doméstica, compreendida como o espaço de convívio permanente de pessoas, com ou sem vínculo familiar, inclusive as esporadicamente agregadas; II - no âmbito da família, compreendida como a comunidade formada por indivíduos que são ou se consideram aparentados, unidos por laços naturais, por afinidade ou por vontade expressa; III - em qualquer relação íntima de afeto, na qual o agressor conviva ou tenha convivido com a ofendida, indepen-

> dentemente de coabitação. Parágrafo único. As relações pessoais enunciadas neste artigo independem de orientação sexual."

A violência contra a mulher, portanto, configura violência de gênero em duas situações: (a) quando ela é dirigida contra uma mulher porque ela é mulher e (b) quando afeta as mulheres desproporcionalmente. Nesta segunda categoria podemos incluir, por exemplo, os crimes sexuais, dado a sua incidência muito superior em relação à vítima do gênero feminino.

f. Estereótipos de gênero. Conforme o dicionário Aurélio, estereótipo é o "padrão estabelecido pelo senso comum e baseado na ausência de conhecimento sobre o assunto em questão" e, ainda, a "concepção baseada em ideias preconcebidas sobre algo ou alguém, sem o seu conhecimento real, geralmente de cunho preconceituoso ou repleta de afirmações gerais e inverdades".

Estereótipos de gênero, portanto, podem ser compreendidos como a aplicação automática e mecânica dos papéis socialmente estabelecidos aos homens e mulheres, reproduzindo acriticamente conceitos ou imagens preconcebidas pelo senso comum, normalmente usadas para justificar e julgar moralmente determinados comportamentos[23].

Conforme Rebecca Cook e Simone Cusack[24], os estereótipos consistem em uma visão generalizada ou preconceituosa sobre os atributos ou características dos membros de um grupo particular ou sobre os papéis que tais membros devem cumprir. Ou seja, trata-se da reprodução mecânica e acrítica de "imagens mentais", às quais atribuímos significado ao mundo que percebemos. Esses estereótipos podem ser categorizados por gênero, raça/etnia, idade, religião, classe social, orientação sexual, identidade de gênero, capacitismo, dentre outros.

---

[23] PIMENTEL, Silvia; SCHRITZMEYER, Ana Lúcia P.PANDJIARJIAN, Valéria. 1998.

[24] COOK, Rebecca; CUSACK, Simone, 2010, apud, BARWINSKI. Sandra Lia Bazzo. 2019, p.53.

Os estereótipos de gênero podem ser: a) de sexo, concentrados nas diferenças físicas e biológicas entre homens e mulheres; b) sexuais, concentrados nas interações sexuais entre homens e mulheres; c) de papéis sexuais, concentrados nos comportamentos que são atribuídos e esperados de homens e mulheres e; d) compostos, quando há interação entre os estereótipos acima mencionados[25].

Ao rotular pessoas, ações e comportamentos, corre-se o risco de estigmatizações, ocasionando prejuízos por marginalizar tais pessoas, ações e comportamentos. No Direito, essas rotulações estereotipadas comprometem sua "imparcialidade", tanto no que diz respeito à sua normativa, quanto à sua interpretação e aplicação.

g. Cultura do estupro. Trata-se de "um conjunto complexo de crenças que encorajam agressões sexuais masculinas e sustentam a violência contra a mulher". A cultura do estu-

---

[25] Ibidem, p.53.

pro se estabelece na sociedade quando a "violência é vista como sensual e a sexualidade como violenta". Com isso, a ameaça da violência é percebida pelas mulheres como um continuum, que vai desde olhares e/ou assobios, atitudes e comentários sexuais, até o contato corporal sexual e o próprio estupro. O terrorismo físico e emocional contra a mulher é tolerado como norma, "em uma cultura do estupro tanto homens como mulheres assumem que a violência sexual é um fato da vida, tão inevitável quanto a morte ou os impostos[26]".

Essa violência, entretanto, não é biológica, natural do macho e nem divinamente determinada. Apesar de tida como inevitável, ela não passa de uma das expressões dos valores e atitudes patriarcais, que pode ser modificada.

h. Interseccionalidade. Interseccionalidade é uma ferramenta de análise feminista, muito importante para compreender de que forma os diversos eixos de opressão, como gênero,

[26] Buchwald et al., 1993/2005, p. XI.

patriarcado, raça, etnia, classe, sexualidade, nacionalidade, idade, capacitismo, entre outros, se relacionam e atravessam a realidade das diferentes mulheres.

A ideia é parecida com o que Heleieth Saffioti, na década de 80, chamou de Teoria do Nó. Para a autora brasileira, patriarcado-racismo-capitalismo é uma tríade de sistemas de dominação-exploração que estruturam a sociedade brasileira, e estariam entrelaçados como num nó:

> "(...) é impossível isolar a responsabilidade de cada um dos sistemas de dominação-exploração fundidos no patriarcado-racismo-capitalismo pelas discriminações diariamente praticadas contra as mulheres. De outra parte, convém notar que a referida simbiose não é harmônica, não é pacífica. Ao contrário, trata-se de uma unidade contraditória[27]."

[27] SAFFIOTI, Heleieth I. B., 1987, p. 62.

A visão tradicional da discriminação, não interseccional, ao tratar das questões de gênero, a separa dos outros eixos de opressão, trazendo menos elementos para análise, o que a empobrece, sub-incluindo alguns grupos, como alerta Kimberlè Crenshaw:

> "Em parte, o problema é que [ao usarmos a visão tradicional] pensamos esses movimentos separadamente e acreditamos que as intervenções devam priorizar uma questão de cada vez. (...) isso acontece porque as mobilizações se baseiam nos interesses das pessoas racialmente dominantes nos movimentos de mulheres, as brancas. E nas dominantes quanto ao gênero, nos movimentos contra o racismo, os homens negros.
>
> Ora, essa situação torna as mulheres negras invisíveis. Em primeiro lugar, seus problemas, às vezes, ficam sub-incluídos. É como se, embora se possa falar sobre todos os problemas enfrentados pelas mulheres, suas especificidades não devessem ser discutidas.

> Muitas das questões não incluídas na agenda das feministas afetam especificamente mulheres negras. As análises nem sempre consideram como a raça ou a classe social contribuem para gerar as desigualdades[28]".

A autora ressalta que a inovação trazida pelo conceito de interseccionalidade é que "nem sempre lidamos com grupos distintos de pessoas e sim com grupos sobrepostos[29]". A ideia de sobreposição pode ser bem representada pela imagem de círculos concêntricos, cada um representando um eixo de opressão, sendo que no centro, onde todos os eixos se encontram, estão as pessoas mais vulnerabilizadas.

A interseccionalidade, portanto, é um conceito que permite compreender que as mulheres, em seus contextos sociais e culturais específicos, estão expostas a diferentes relações de poder, sistemas de dominação ou eixos de opressão, e que estes não se manifestam de forma iso-

---

[28] CRENSHAW, Kimberlè, 2002.

[29] Ibidem.

lada, mas se sobrepõem e se entrelaçam, potencializando a vulnerabilidade. Assim, é uma ferramenta essencial para perceber a complexidade das relações sociais.

i **"Ideologia de gênero".** O termo "ideologia de gênero" expressa uma forma pejorativa de se referir aos estudos de gênero e representa uma invenção de conservadores e fundamentalistas que sustentam:

> "O certo é que a ideologia de gênero busca negar a natureza. Busca criar uma 'nova natureza' não biológica, lastreada na manipulação da consciência da juventude, ao sustentar que as crianças nascem sem sexo definido, devendo escolher o gênero que desejam adotar, ainda quando crianças.
>
> Esta primeira premissa é uma fantástica mentira, apregoada, **no melhor estilo de Goebbels**, por tantos quantos querem promover a **proliferação da homossexualidade**, levando crianças a fazerem opções em assuntos nos quais não têm condições de optar. (...)

Ademais, a 'ideologia de gênero' é uma negação absoluta. Partir do princípio que nascemos sem gênero, que será escolhido, apesar de terem meninos e meninas aparelhos sexuais diferentes, é à evidência, tentar mudar a natureza das coisas à luz **de uma 'modernidade' ultrajante e ultrajada, que carece de um mínimo de razoabilidade**. (...)

E do ponto de vista católico apostólico romano, sustentar que os gêneros (masculino e feminino) não existem, sendo uma opção a ser tomada pela criança, representa, além de desrespeito, **odiosa manipulação da consciência dos jovens, impedindo-os, inclusive, de promover a real defesa de valores familiares, os quais pressupõem vínculos de responsabilidade e de afeto que, no plano sexual, possam gerar proles, *naturalmente*[30].**" (grifos nossos)

---

[30] MARTINS, Ives Gandra da Silva, 2016.

Com o pretenso objetivo de defender a família, os valores e a moral, alicerçados na "lei natural", foi construído o conceito de "ideologia de gênero", como ferramenta de manipulação, para convencer as pessoas que o avanço das pautas das mulheres e da população LGBTQIAPN+ deve ser contido, ou que os direitos humanos já garantidos a esses grupos devem retroceder.

Representação dessa manipulação, é o livro "Ideologia de Gênero", organizado pelos professores Ives Gandra da Silva Martins e Paulo de Barros Carvalho, em 2016. Nele, são publicados artigos como "A Ideologia de Gênero e a Proteção da Família: aportes por uma **perspectiva constitucional-cristã**", de Rafael de Lazari; "Ideologia de Gênero: Deus quis a felicidade da pessoa humana", do Professor Doutor Padre José Ulisses Leva, e; "Ideologia de Gênero: visão totalitária que viola direitos constitucionais das crianças e dos adolescentes", de Regina Beatriz Tavares da Silva, Augusto Cézar Lukascheck Prado e André Fernando Reusing Namorato.

"Essa rejeição à ideia de gênero reflete um sintoma de uma ordem social que está se sentindo ameaçada (...). Dessa forma, procuram criminalizar não só os indivíduos ditos "diferentes", como também seus termos, expressões e conceitos que dão voz a essas "diferenças". O gênero é um deles, mas não o único[31]". É importante ter em mente que, apesar dos esforços para tratá-lo assim, gênero não é uma ideologia, mas conceito complexo que serve para uma análise mais ampla e inclusiva das relações sociais, agregando indivíduos historicamente subalternizados e hostilizados.

---

[31] SENKEVICS, Adriano. 2014, disponível em: https://www.geledes.org.br/pne=-e-ideologia-de-genero2-/?gclid=CjwKCAjwzY2bBhB6EiwAPpUpZt6GLTPqbe0TQVYPIY-z-8mqHeQaYD1r1pvW6O94LGmf9K4ojZE7a6BoCtzc-QAvD_BwE Acesso em 03 de nov. 2022.

4. De que forma as mulheres foram tratadas historicamente e como isso influenciou o Direito? Quais os impactos disso na tutela dos direitos sexuais?

Conhecendo, agora, a importância do "gênero" e de alguns outros conceitos basilares dos estudos feministas, enquanto instrumentais de análise teórica e de práxis **política**, lancemos um breve olhar nessa perspectiva para alguns momentos cruciais da história ocidental, a fim de compreender a consolidação dos valores patriarcais que se refletem na legislação brasileira, muito especialmente no tema dos direitos sexuais das mulheres.

Desde a acumulação primitiva do capital, seja com a caça às bruxas na Europa, por mais de três séculos, seja com a exploração colonial nas terras brasileiras, a autonomia das mulheres sobre seus corpos e vidas foi avassalada[32].

Na Europa, foram mortas, em sua maioria, mulheres mais velhas, que detinham o direito consuetudinário às terras e o conhecimento de plantas medicinais e do corpo feminino. Acusadas de bruxaria, elas serviram de exemplo para a propagação da moralidade que subjugou as mulheres ao âmbito privado: aquelas que não seguissem os padrões de comportamento, seriam condenadas e mortas, com requintes de crueldade, pela Inquisição[33].

O *Malleus maleficarum*, ou "Martelo das feiticeiras", é um documento histórico muito importante para compreender a lógica da antiga tradição cristã e da Inquisição. Trata-se de manual que ensinava aos juízes como reconhecer bruxas, expunha os supostos perigos da bruxaria e explicava as formas legais para perseguição dessas mulheres. O espírito desta

---

[32] FEDERICI, Silvia, 2017. p. 114-118.

[33] FEDERICI, Silvia, 2019, p. 39.

obra, explica Jean-Michel Sallmann[34], parte da ideia de que "foi a partir da costela de Adão que Eva foi criada. Sendo a costela um osso curvo, o espírito da mulher não podia ser senão turvo e perverso".

> "A Inquisição é uma das faces do processo de perseguição e repressão em relação às mulheres, que não se esgota na ação repressiva, segundo Soraia da Rosa Mendes. Ao contrário, trata-se de processo que abrange uma série de práticas de controle sobre a mulher, que vão do aprisionamento ao espaço doméstico até seu enquadramento em algum tipo penal específico". CHAKIAN, Silvia (2019).

Já no Brasil colonial, a política de exploração portuguesa visava a extração de riquezas para sustentar a economia da metrópole, implicando numa dominação patrimonial:

> "Colonizado o Brasil para render lucros ao capitalismo comercial, a estrutura

---

[34] CHAKIAN, Silvia, 2019, p. 17.

> social brasileira no período escravocrata e, sobretudo, da época colonial se apresentaria como uma configuração exótica, em que seriam retidos alguns traços já parcialmente decompostos das estruturas feudais europeias em desintegração, combinadas com a nascente estrutura patrimonialista favorecedora do comércio externo, e com a exploração da força de trabalho escrava." SAFFIOTI, Heleieth (1969).

Foi muito importante para essa "configuração exótica" a concepção familiar baseada na divisão sexual do trabalho, e a instauração, aqui, da lógica da submissão feminina, da investida contra a sexualidade das mulheres e seu aprisionamento à vida privada. A utilização dos corpos das mulheres, indígenas para prazer sexual, negras também para a geração de novos escravizados e brancas para expansão populacional na colônia, foram sempre úteis aos interesses da nascente burguesia. As mulheres foram retiradas da vida pública e seus corpos foram usados para o trabalho reprodutivo e doméstico.

Posteriormente, houve um grande esforço para excluir as mulheres dos processos revolucionários de liberdade. A Revolução Francesa não as considerou cidadãs, não lhes concedeu direitos políticos como, também, as excluiu completamente da vida pública. De maneira semelhante, na república brasileira, as mulheres não tinham acesso à educação formal, estando sempre condicionadas ao papel de donas de casa, de mães de família, ao mundo privado; mesmo quando tiveram acesso às universidades, foram convencidas de que não cabiam em posições de grande prestígio social.

> "A mulher deveria ser dependente, recebendo desde cedo um educação que consolidava sua dependência em todos os sentidos, ficando excluída da participação política e de um papel ativo na unidade familiar, sendo também seriamente restringido seu acesso a direitos patrimoniais, que eram os primeiros dos valores para a burguesia e a base para o exercício do poder político[35]".

---

[35] DALLARI, Dalmo de Abreu, 2016.

Com a industrialização, a mulher se tornou mão de obra barata, a melhor opção para a ampla obtenção de mais-valia; poderia trabalhar por mais horas e receber menos. Silvia Federici[36] alerta, ainda, para a existência do "não-trabalho feminino", pois o trabalho doméstico e reprodutivo foi sempre visto como subsidiário, mas trata-se do trabalho não remunerado que gera lucro para o Capital, seja gerando cidadãos e os criando para o mercado de trabalho, seja mantendo a ordem do lar para os homens da família.

O que se tem ao longo da história é, portanto, a supressão dos direitos das mulheres relacionados à participação da vida pública e a concomitante imposição do dever de cuidado e subordinação aos valores do patriarcado.

Para isso, foi necessário estabelecer no imaginário coletivo que as mulheres são irracionais, passivas, emocionais e que devem estar sob controle, porque do contrário podem ser extre-

---

[36] FEDERICI, Silvia, 2019.

mamente perigosas, vingativas, mesquinhas e desequilibradas. Trata-se, portanto, de um grande paradoxo: as mulheres "naturalmente" serviriam aos homens - seja por meio do trabalho reprodutivo e doméstico, seja pela subordinação sexual - embora essa "natureza" deva ser ensinada, incentivada e preservada por meios morais e legais e, portanto, **culturais**.

Essa é a lógica que esteve, por muitos anos, introjetada nas leis brasileiras, que reproduzem os eixos de opressão instituídos, baseados em valores das classes dominantes. Daí o tratamento legal desigual reservado historicamente às mulheres.

Essa situação só se alterou quando as mulheres passaram a ter voz e a lutar pelos seus direitos. Grande marco internacional dessa luta é a Convenção sobre a Eliminação de Todas as Formas de Discriminação Contra as Mulheres, CEDAW/ONU, de 1979, que foi ratificada pelo Brasil em 1984[37].

---

[37] O Comitê CEDAW/ONU, é o comitê de monitoramento da Convenção CEDAW, cuja função é examinar as "difi-

A Convenção surge num cenário de crescente ativismo das mulheres em âmbito global e regional que coincidiu com o processo de redemocratização do Brasil, depois de 21 anos de ditadura militar. Nesse contexto, o Conselho Nacional dos Direitos da Mulher, em 1986, com o lema "Constituinte pra valer tem que ter palavra de mulher", lançou a campanha "MULHER E CONSTITUINTE". Inspiradas por essa convicção, milhares de mulheres brasileiras se reuniram durante meses, estudaram, debateram e formularam suas reivindicações.

Os resultados de todos esses debates chegaram a Brasília pelas mãos de mais de mil mulheres, no dia 26 de agosto de 1986, e serviram de subsídios para a elaboração da **Carta da Mulher Brasileira aos Constituintes**, elencando reivindicações das mulheres para os candidatos da eleição que ocorreria naquele ano. Depois, a Carta foi entregue aos parlamentares eleitos, requerendo a garantia de

---

culdades e os progressos alcançados pelos países signatários na aplicação da Convenção" e redigir recomendações aos Estados-parte.

uma série de direitos, dos quais quase todos foram incorporados à Constituição Federal de 1988[38].

Dentre as conquistas, vale destacar que o inciso I, do artigo 5º, da CF, passou a determinar que "homens e mulheres são iguais em direitos e obrigações, nos termos desta Constituição", reiterando o compromisso do Brasil com a igualdade material. Outras previsões nesse sentido são as que colocam como objetivos fundamentais a serem perseguidos: o enfrentamento às desigualdades sociais, a erradicação da pobreza e da marginalização (art. 3º, III), bem como a promoção do bem de todos, sem preconceitos de origem, raça, sexo, cor, idade e quaisquer outras formas de discriminação (art. 3º, IV).

Além disso, outra valiosa conquista consta no artigo 226, sobre a proteção da família pelo Estado Em seu §5º garantiu, que "os direitos e deveres referentes à sociedade conjugal são exer-

---

[38] PIMENTEL, Silvia, 1985.

cidos igualmente pelo homem e pela mulher” e, em seu §8º, que: “o Estado assegurará a assistência à família na pessoa de cada um dos que a integram, criando mecanismos para coibir a violência no âmbito de suas relações”. Desde então, houve um efervecer da movimentação feminista brasileira para que os compromissos de proteção das mulheres, firmados pelo Estado, fossem cumpridos.

As alterações constitucionais refletem a contestação pelas mulheres dos valores patriarcais, os quais foram paulatinamente sendo atenuados muito especialmente no que diz respeito à dignidade sexual das mulheres. Isso significou grandes mudanças históricas de mentalidade, que foram se traduzindo na mudança do bem jurídico tutelado, proporcionando a proteção das mulheres enquanto pessoas humanas detentoras de direitos e não mais como simples peças da engrenagem familiar e social patriarcal, como veremos a seguir:

Código Penal de 1830, Código Penal do Império. Os crimes sexuais, no CP de 1830, eram elencados em duas seções: estupro e rapto. Ambas, compunham o capítulo dos **Crimes contra a Segurança da Honra**.

O estupro se caracterizava pela defloração de mulher virgem, menor de dezessete anos ou pela copula carnal, usando de violência ou ameça, com qualquer mulher honesta. No segundo caso, se a vítima fosse prostituta a pena cominada era menor. A sedução de mulher honesta e a ofensa pessoal à mulher para fim libidinoso, causando dor ou mal corpóreo, também eram crimes, mas com penas menos graves.

Em todo caso, entretanto, na hipótese de os ofensores se casarem com suas vítimas, não havia aplicação da pena. Isso justamente porque se tratava de crime contra a segurança da honra, a qual estaria restaurada com o casamento.

Código Penal de 1890, Código Penal Republicano. 60 anos depois do primeiro, o CP de 1890 tratava os crimes sexuais como "**Crimes contra a Segurança da Honra e Honestida-**

de das Famílias” e tipificava a violência carnal, o ultraje público ao pudor e o rapto.

Dentre os tipos de violência carnal estavam a defloração de menor de idade, empregando sedução, engano ou fraude e o estupro, caracterizado como estupro o ato pelo qual o homem abusa com violência de uma mulher, seja virgem ou não. As penas em caso de estupro, entretanto, se difereciavam a depender do comportamento da vítima: caso fosse mulher honesta, virgem ou não, era de um a seis anos; já se a mulher fosse “pública” ou prostituta, a pena era de seis meses a dois anos de prisão.

Ressalte-se que o casamento entre vítima e ofensor era motivo para não aplicação da pena. Entendia-se que o casamento repararia o dano à honra, porque a honra a que se refere o Código Republicano não é a da mulher, mas sim da sua família, já que a figura feminina era vista em função do pai, irmão ou marido.

A honra é um conceito moral/social, e se divide entre honra objetiva, que se apresenta no respeito à norma moral de um um momento histórico e geográfico, e a honra subjetiva, concernente ao conceito da pessoa sobre si mesma. O Código Republicano foi orientado pela construção da "honra do casal":

> "Além dessa noção de "honra do casal", se a mulher era tida como propriedade do marido, devendo a ele obediência, a concepção da época era a de que o comportamento de ser recato também refletia a própria honra do seu marido. Assim, a violação por ela das regras do patriarcado, que impunham o padrão de submissão e fidelidade, justificavam, legitimamente, que o marido defendesse, além da "honra conjugal", o seu próprio patrimônio moral de "marido e chefe", com sangue da esposa[39]."

Código Penal de 1940. O Código Penal de 1940 foi inspirado na Constituição de 1937, no Código Penal Italiano de 1930 e no Código Suíço de 1937, ou seja, nasceu a partir de uma concepção conservadora e num contexto autoritário, com aspirações fascistas. Ademais, houve

---

[39] CHAKIAN, Silvia, 2019.

grande influência das concepções patriarcais do Código Civil de 1916.

Nesse código, o estupro constava do capítulo Dos Crimes Contra os Costumes, não havendo, assim grandes mudanças no que diz respeito à violência sexual contra as mulheres, sendo mantida, a proteção à honra conjugal.

> "Segundo [Sueann] Caulfield, **a honra sexual era a base da família, e esta, a base da nação. Sem força moralizadora da honestidade sexual das mulheres brancas a modernização causaria a dissolução da família, a modificação brutal da comunidade e o caos social, segundo os ideólogos da República brasileira naquele momento**. (...) Se discriminavam as mulheres honestas das outras, o que teve fortes implicações ou uma direta influência implicação na elaboração do Código Civil de 1916 e no Código Penal de 1940, que cumpriam o papel de normatizar as famílias durante praticamente todo o século, com repercussões até os dias de hoje[40]." (grifos nossos)

---

[40] DORA, Denise Dourado, 2019.

Os artigos 215 e 216 do Código Penal de 1940 continham, em seu texto, o termo "mulher honesta", para designar aquelas que estariam sob a proteção penal e as diferenciar das que seriam por ele criminalizadas.

"O Código Civil de 1916 teve um forte impacto sobre o Código Penal de 1940 exatamente por **usar o conceito de 'honestidade da mulher' como elemento do direito penal fundante, em especial para definir os crimes sexuais - tratados como crimes contra os costumes, e não contra a dignidade física e psíquica** - e para criminalizar o aborto, que admitia apenas excludentes para casos específicos. Obviamente, uma mulher sem capacidade civil não teria autonomia para deicidir sobre o aborto, nenhuma voz intrínseca na forma como o Direito brasileiro organiza as estruturas de organização familiar e do controle sobre as mulheres. Lembro que o **estupro contra as mulheres casadas só seria registrado e investigado se o marido consetisse, já que a honra**

violada era da família, e não das mulheres[41]." (grifos nossos)

Ainda, o único sujeito ativo previsto era o homem e, caso o crime não fosse praticado mediante violência real, a ação era pública condicionada à representação, ou seja, o Ministério Público era responsável pela ação penal, mas só agia mediante requisição da vítima. Entretanto, à época, era necessária autorização do marido ou do pai para fazer uma representação criminal.

Lei 11.106 de 2005. Só então, 16 anos depois da Constituição de 1988, finalmente, o conceito de "mulher honesta" é retirado do Código Penal e o casamento deixa de ser uma forma de "reparação do dano aos costumes", deixando de ser motivo para a não aplicação da pena.

Lei 12.015 de 2009. A partir dessa lei, as condutas que eram até então tipificadas como "crimes contra os costumes" foram compreendidas como **atendados contra o livre exercício dos**

---

[41] Ibidem.

direitos sexuais e contra a dignidade sexual tanto de homens quanto de mulheres. Assim, a nomenclatura do capítulo passou a ser "crimes contra a dignidade sexual"; o crime de estupro foi unificado com o de atentado violento ao pudor; foi criado o tipo do estupro de vulnerável e ambos foram considerados crimes hediondos. A alteração significou importante avanço e foi uma conquista do movimento feminista.

Depois dessa alteração, foi possível ampliar a tutela penal dos crimes sexuais, conforme veremos a seguir.

O Código Penal em vigor, cuja parte geral é de 1940 e a parte especial é de 1984, como vimos, foi atualizado por diversas leis sancionadas no decorrer do tempo. Assim, passou a contemplar uma série de práticas consideradas criminosas, que estão elencadas no seu Título VI, Dos Crimes Contra a Dignidade Sexual, o que amplia a proteção de mulheres e meninas.

5. Como a dignidade sexual é tutelada hoje?

O Código Penal em vigor, cuja parte geral foi modificada em 1984, foi atualizado por diversas leis sancionadas no decorrer do tempo. Assim, passou a contemplar uma série de práticas consideradas criminosas, que estão elencadas no seu Título VI, Dos Crimes Contra a Dignidade Sexual.

Esse Título é dividido em seis capítulos: I) crimes contra a liberdade sexual; I-A) da exposição da intimidade sexual, incluído pela lei nº 13.772 de 2018; II) dos crimes sexuais contra vulnerável; III) do rapto, completamente revogado pela Lei nº 11.106 de 2005; V) Do lenocínio e do tráfico de pessoa para fim de prostuição ou outra forma de exploração sexual ; e VI) do ultraje público ao rigor, único capítulo com redação inalterada desde 1940. Há, ainda, dois capítulos de disposições gerais que determinam causas de aumento de pena.

A tipificação de novas condutas demonstra a preocupação do Poder Legislativo com o tema da dignidade sexual, todavia o uso do Direito Penal para ampliar a proteção de meninas e mulheres deve ser cauteloso.

Por um lado, a criação de novos tipos favorece o princípio da proporcionalidade, ao passo que são cominadas penas diferentes para práticas violentas mais ou menos danosas. Isso é positivo porque evita que condutas menos graves sejam enquadradas como estupro e, assim, penas mais graves sejam aplicadas. Isso, no Brasil, deve ser levado em conta, considerando ademais que a justiça criminal é muito mais punitiva quando investiga ou processa pessoas negras ou de classes econômicas inferiores porque "existe uma tendência (...) de esperar um comportamento conforme a lei dos indivíduos pertencentes aos estratos médios e superiores; o inverso ocorre com os indivíduos provenientes dos estratos inferiores[42]".

De outro lado, acreditar que apenas a lei é o bastante para coibir a violência sexual é ignorar importantes discussões criminológicas, bem como o grande desafio que representa a transformação de mentalidades e de padrões sociais e culturais. Para essa transformação, são necessárias estratégias amplas e continuadas, muito especialmente na área da educação e da cultura.

Aqui, valendo-nos da expertise de Alice Bianchini sobre o tema, daremos contorno aos tipos penais previstos nos primeiros

---

[42] BARATTA, Alessandro. 2002. p. 178.

três capítulos, I, I-A e II, e trataremos das disposições gerais acerca do estupro coletivo ou corretivo. Ressalte-se que a perspectiva de gênero deve ser levada em conta para compreender as condutas descritas, já que a maioria expressiva das vítimas nesses casos são mulheres ou meninas.

a. Crimes contra a liberdade sexual

i. Estupro - art. 213 do CP: consiste em constranger, ou seja, coagir, obrigar ou forçar alguém, por meio de força física, tortura psicológica ou grave ameça (que consiste na promessa de mal imediato e verossímil), a praticar ou permitir que com ele se pratique conjunção carnal (penetração, mesmo que incompleta) ou outro ato libidinoso com a finalidade de satisfazer a lascívia.

O sujeito passivo, nesse tipo, precisa ser maior de 14 anos e apto a discernir, estando aí a principal distinção em relação ao estupro de vulnerável. Quanto ao sujeito ativo, pode ser qualquer pessoa e pode ser condenado a 6 a 10 anos de reclusão.

Importante dizer que o autor pode ser, inclusive, o cônjuge da vítima. Essa hipótese foi, por muito tempo, descartada pela doutrina e jurisprudência por causa do "dever conjugal", que, de acordo com o direito canônico (figura do *debitum conjugalis*) e com a doutrina, estaria implícito no dever de convivência do casamento, previsto no Código Civil. Foi só em 2005, quando o casamento com a vítima deixou de ser excludente de ilicitude do estupro que, finalmente, doutrina e jurisprudência passaram a considerar o estupro marital como um ilícito penal.

ii. Violação sexual mediante fraude - art. 215 do CP: conhecido como estelionato sexual, essa conduta se aproxima muito do que se entende como estupro, todavia no lugar da violência ou grave ameaça é usada a fraude para a satisfação da lascívia. Ou seja, o meio pelo qual esse tipo é praticado é "o estratagema, o ardil, o engodo, empregados para fazer que a ofendida acredite em uma situação como sendo real, quando na verdade é falsa[43]". É tido, assim, como injusto penal menos grave que o estupro, sendo a pena em abstrato cominada de 2 a 6 anos de reclusão.

Ressalte-se que ao determinar que o tipo pode ser praticado por "outro meio que impeça ou dificulte a livre manifestação de vontade da vítima", está se referindo a outras formas, parecidas com a fraude, de levar a vítima ao erro a fim de abusar sexualmente dela. Assim, é diferente do uso de meios que reduzem a capacidade de resistência da vítima e que, portanto, configuram estupro de vulnerável.

iii. Importunação sexual - art. 215-A do CP: trata-se de tipo penal criado após grande pressão social, por ocasião de um caso de repercussão nacional quando, em São Paulo, foi relaxada a prisão de um homem que, um dia antes, no transporte público, havia ejaculado no pesco-

---

[43] BIANCHINI, Alice; BAZZO, Mariana; CHAKIAN, Silvia. 2020, p. 207-208.

ço de uma mulher. Assim, foi uma resposta ao fato que "inexistia previsão de punição adequada para verdadeiras 'invasões corporais' sem o uso de violência física e grave ameaça (apalpadelas, beijos roubados, lambidas, encoxadas, entre outros atos dessa natureza)[44]."

Com ele, foi revogada a contravenção de importunação ofensiva ao pudor, que estava prevista no artigo 61 da Lei das Contravenções Penais cuja pena era de multa. Assim, foi preenchida a lacuna legal, passando a ser punida, com reclusão de 1 a 5 anos, a prática contra alguém e sem a sua anuência, de ato libidinoso com objetivo de satisfazer a própria lascívia ou a de terceiro.

Assédio sexual - art. 216-A do CP: trata-se de tipo penal que muitas vezes é confundido pelo que, popularmente, se conhece como assédio sexual. Em sentido amplo, essa conduta seria qualquer "comportamento sexual ou sensual

---

[44] Ibidem, p. 212.

indevido e não desejado pela vítima[45]", mas no Código Penal é caracterizada pela importunação ou constrangimento de alguém, sem seu consentimento, com propostas ou condutas de cunho sexual, por um agente que se prevalece de sua superioridade hierárquica ou ascendência inerente ao exercício de emprego, cargo ou função.

Assim, o assédio sexual, enquanto tipo penal, caracteriza-se pela existência de uma relação de hierarquia ou ascendência entre autor e vítima e pelo abuso da posição privilegiada para constranger a vítima a conceder favores ou fazer concessões libidinosas.

b. Da exposição da intimidade sexual

i. Registro não autorizado da intimidade sexual - art. 216-B do CP: incluído no Código Penal em 2018, o tipo penal criminaliza a produção,

[45] BIANCHINI, Alice; BAZZO, Mariana; CHAKIAN, Silvia. 2020, p. 218.

fotografia, filmagem e outras formas de registro, sem autorização, de cena de nudez ou ato sexual ou libidinoso de caráter íntimo e privado. A criminalização dessas condutas é o retrato do tempo em que se deu, já que com as novas tecnologias a invasão da intimidade ganhou novos meios facilitadores.

c. Dos crimes sexuais contra vulnerável

i. Estupro de vulnerável - art. 217-A do CP: para compreender esse tipo, é preciso ter em mente que são considerados vulneráveis quaisquer pessoas menores de 14 anos, pessoas que não têm o necessário discernimento e pessoas que não possam oferecer resistência por fato anterior que impossibilite a defesa. Assim, crianças, pessoas com deficiência ou pessoas embriagadas, dormindo, desmaiadas ou paralisadas, por exemplo, são vulneráveis.

O crime, portanto, consiste em ter conjunção carnal ou praticar outro ato libidinoso com alguém nessas condições, sendo a pena cominada de 8 a 15 anos de reclusão. Nesses casos, a violência é presumida, ou seja, não é necessário o emprego de violência ou grave ameaça para que se configure estupro. O que se entende é que a vítima não está em condição de consentir com a prática sexual, assim, independentemente do meio pelo qual for empregada, ela é violenta.

No caso de menores de 14 anos, a vulnerabilidade também é presumida, não sendo necessária a demonstração da falta de discernimento ou da impossibilidade de oferecer resistência. Esse entendimento é de suma importância para que argumentos sobre a vítima, seu comportamento sexual ou social, sua experiência sexual, sua inocência ou virginidade, sejam utilizados para a desqualificar e justificar a violência sofrida[46]. Assim, de suma importância a inclusão do §5° ao artigo 217-A, pela Lei n° 13.718, de 2018, que prevê: "As penas previstas no caput e nos §§ 1°, 3° e 4°

---

[46] BIANCHINI, Alice ... [et al], 2022, p. 164.

deste artigo aplicam-se independentemente do consentimento da vítima ou do fato de ela ter mantido relações sexuais anteriormente ao crime."

ii. Corrupção de menores - art: 218 do CP: o tipo criminaliza a influência moral ou persuasão, para que alguém, menor de 14 anos, ou seja, vulnerável, satisfaça a lascívia de um terceiro determinado. Assim, "o objetivo do legislador foi a proteção da integridade sexual dos menores de 14 anos, em virtude de sua inocência, imaturidade sexual, de pessoa ainda em fase de formação[47]".

Para que não se confunda com o estupro de vulnerável, o artigo 218 do Código Penal contempla, somente, aqueles casos em que o menor é induzido por alguém a realizar "práticas sexuais contemplativas, exibicionistas, expositivas (v.g. strip-tease), como por exemplo, vestir-se com determinadas fantasias para satis-

[47] Ibidem, p. 202.

fazer certas taras[48]". De outra forma, deve ser aplicado o disposto no artigo 29 do Código Penal, que trata do concurso de pessoas, de forma que o instigador responde como partícipe pela prática do crime previsto no artigo 217-A.

iii. Satisfação de lascívia mediante presença de criança ou adolescente - art. 218-A do CP: esse tipo pretende proteger "o desenvolvimento e a evolução saudável da personalidade do menor[49]" e suprir uma lacuna que existia já que a conduta não se encaixava como ato libidinoso, tipo revogado que estava previsto no artigo 214 do Código Penal, e nem como corrupção de menores, conforme artigo 218 do Código Penal. Importante destacar que a prática desse crime exige dolo específico de satisfação da lascívia, sabendo da condição de menoridade da vítima e da sua presença que pode, inclusive, ser virtual.

---

[48] BITENCOURT, 2011, p. 107, apud, BIANCHINI, Alice ... [et al], 2022.

[49] BITENCOURT, 2011, p. 113, apud, BIANCHINI, Alice ... [et al], 2022.

iv. Favorecimento da prostituição ou de outra forma de exploração sexual de criança ou adolescente ou de vulnerável - artigo 218-B: consiste em submeter, induzir, atrair ou facilitar que crianças, adolescentes ou pessoas sem o necessário discernimento se prostituam ou sejam exploradas sexualmente. Também consiste crime impedir ou dificultar que essas pessoas se desvencilhem dessa situação, podendo o agente se valer de coação moral ou econômica[50].

Daí se depreende o que está por trás do tipo penal, o "terreno fértil para construção de fluxos de exploração sexual infantil[51]", que são os baixíssimos índices de desenvolvimento humano de alguns países, o que atrai interesses daqueles que se beneficiam

v. Divulgação de cena de estupro ou de cena de estupro de vulnerável, de cena de sexo ou de pornografia - artigo 218-C: consiste em ofe-

---

[50] BIANCHINI, Alice ... [et al], 2022, p. 210.

[51] Ibidem, 211.

recer, trocar, disponibilizar, transmitir, vender ou expor à venda, distribuir, publicar ou divulgar, por qualquer meio - inclusive por meio de comunicação de massa ou sistema de informática ou telemática -, fotografia, vídeo ou outro registro audiovisual que contenha cena de estupro ou de estupro de vulnerável ou que faça apologia ou induza a sua prática, ou, sem o consentimento da vítima, cena de sexo, nudez ou pornografia.

Assim, trata-se de mais uma tipificação de conduta que se dá em virtude do avanço tecnológico, que permitiu a divulgação das referidas cenas com cada vez mais facilidade, por isso qualquer meio de execução é admitido por esse delito, sendo que o meio pode ser físico ou virtual.

d. Estupro coletivo e estupro corretivo

A Lei 13.718 de 2018 acrescentou, ao artigo 226 do Código Penal, duas causas de aumento de pena. Ou seja, os crimes de estupro e estupro de vulnerável supracitados passaram ter sua pena aumentada de 1/3 a 2/3 se o crime for praticado mediante concurso de dois ou mais agentes ou para controlar o comportamento sexual da vítima

i. Estupro coletivo: a pena é aumentada caso o crime tenha sido cometido por mais de uma pessoa, isso porque nos casos de estupro coletivo a violência costuma ser ainda mais grave, assim como as lesões provocadas. Além disso, a prática remonta a tempos de guerra:

> "Para muitas autoras e para o Conselho de Segurança das Nações Unidas, a utilização do estupro como arma de guerra, por exemplo, consiste em um meio de articular, de forma sistemática, a eliminação de um povo. Não se trata de consequência dos horrores da guerra, mas de atos articulados e generalizados com o intento de subjugar e eliminar determinado grupo ou etnia." (PEREIRA, Beatriz; NORMATON, Anna. 2018, p. 205)

ii. Estupro corretivo: tornou-se uma causa de aumento de pena porque essa prática pode ser considerada crime de ódio. Trata-se do estupro de alguém por causa da sua orientação sexual ou identidade de gênero, para que seja "corrigida" a orientação da pessoa, ou que "passe a agir" de maneira mais condizente com seu gênero. A essência deste crime consiste na sanção das sexualidades e dos gêneros que se distanciam da heterossexualidade e, assim, das normas tradicionais impostas e vigentes na sociedade[52].

[52] PEREIRA, Beatriz; NORMATON, Anna. 2018.

6. “*In dubio pro stereotypo*” - Como os estereótipos de gênero repercutiram e repercutem na prática jurídica?

O que se observa é que os avanços legislativos nos últimos anos foram significativos, e que novas normativas têm surgido tutelando os direitos sexuais das mulheres e meninas. Assim, os estereótipos de gênero, antes explícitos nas normas, hoje, deixaram o texto da lei. Infelizmente, isso não garante que deixem, também, a consciência dos operadores do Direito.

É importante, portanto, traçar um breve paralelo entre duas pesquisas, separadas por 24 anos:

A primeira, de 1998, foi resultado de uma pesquisa qualitativa em processos judiciais sobre crimes sexuais praticados contra mulheres e meninas, publicada no livro “Estupro; crime ou ‘cortesia’? Abordagem sociojurídica de gênero[53]”. As autoras identificaram a presença de diversos estereótipos de gênero nas decisões judiciais dos casos estudados, que influenciavam o desfecho dos processos e, muitas vezes, invertiam as partes, colocando a vítima no papel de investigada.

A segunda, “Estupro: análise preliminar de estereótipos de gênero no sistema de justiça brasileiro”, teve início em 2022[54] e ainda está em andamento. Tem o fim de atualizar os da-

---

[53] PIMENTEL, Silvia; SCHRITZMEYER, Ana Lúcia P.PANDJIARJIAN, Valéria. Estupro: crime ou “cortesia”? Abordagem sociojuridica de gênero. Porto Alegre: Sergio Antonio Fabris Editor, 1998.

[54] PIMENTEL, Silvia, GREGORUT, Adriana e PEREIRA, Beatriz. Estupro: análise preliminar de estereótipos de gênero no sistema de justiça brasileiro. Artigo submetido à publicação em novembro de 2022.

dos da obra de 1998, coletando nova amostra de processos para observar se houve avanços na forma como são julgados os crimes contra a dignidade sexual.

a. Casos referenciais do livro "Estupro: crime ou 'cortesia'? Abordagem sociojurídica de gênero", de 1998.

"VÍTIMA: MENTIROSA, HISTÉRICA, MENTALMENTE PERTURBADA. Trata-se de caso em que V.C.P., de 12 anos, paraense, parda, ao que consta, vinha sendo estuprada por seu pai, P.S., eletricista, de 55 anos, em sua própria casa, há cerca de dois anos. Após ter sido espancada publicamente por seu pai, no dia 13 de março de 1986, em uma mercearia onde ela se encontrava - segundo ele - jogando baralho com outros homens, decidiu romper o silêncio e contar à sua mãe o que se passava, que imediatamente comunicou o fato à polícia. Realizados exames médicos, restou comprovada a materialidade dos crimes de espancamento e estupro. O relato da mãe da vítima e das testemunhas corrobora, de diferentes formas, a versão apresentada pela vítima. Denunciado por estupro, com presunção de violência e agravantes, por ter cometido o crime contra descendente e com abuso de autoridade, prevalecendo-se de relações domésticas, o réu tornou-se revel[55], o que implica em confissão quanto à matéria do fato. O advogado dativo do acusado apresentou defesa centrada na desqualificação da vítima, caracterizando-a como mentirosa, histérica, mentalmente perturbada. O Ministério Público considerou 'a autoria sobejamente provada' e a materialidade positivada pelos autos, pedindo a condenação do réu. A decisão judicial, da qual não houve recurso, 6 anos depois, considerou que as palavras da vítima careciam de credibilidade por apresentaram algumas contradições"

---

[55] Hoje, a revelia em processo penal não implica mais em confissão quanto à matéria do fato. Desde 1996, o artigo 367 do Código de Processo Penal determina: "o processo seguirá sem a presença do acusado que, citado ou intimado pessoalmente para qualquer ato, deixar de comparecer sem motivo justificado, ou, no caso de mudança de residência, não comunicar o novo endereço ao juízo."

"PRETA, PUTA, VELHA, ALCOÓLATRA, INVETERADA, ALICIADORA DE MENORES. Trata-se de processo segundo o qual, na noite do dia 10 de fevereiro de 1985, em Cuiabá, B.L.D., pardo, solteiro, pedreiro, 22 anos, teria espancado e estuprado uma conhecida sua do bairro, B.L.C, preta, viúva, 60 anos. No auto de prisão em flagrante consta que, na noite do crime, a vítima encontrava-se com outras moças e o indiciado, no bar, pegado à casa, de propriedade dessa mesma testemunha. Na polícia, segundo testemunhas e o próprio indiciado, este teria tentado agredir a vítima na festa e, não logrando êxito, após o término desta, quando a vítima dirigia-se a sua casa, o indiciado a perseguiu e, agredindo-a a socos e ponta-pés, arrastou-a para um matagal, onde teria mantido com ela relações sexuais à força. Depois, teria retornado ao referido bar, com a roupa toda manchada de sangue, para pegar a bicicleta que tinha deixado ali. As testemunhas afirmaram que o indiciado era um mau elemento e vivia embriagado, perseguindo mulheres e promovendo várias desordens no bairro. Denunciado por estupro e lesões corporais, o acusado, na fase judicial, entretanto, negou as declarações prestadas na polícia, alegando que foram obtidas mediante espancamento. Todas as testemunhas, em juízo, também contraditaram os depoimentos prestados na polícia. A situação se inverteu e a vítima passou a ser qualificada como alcoólatra, prostituta e aliciadora de menores, e o réu, por sua vez, como homem trabalhador e de bom comportamento. O juiz entendeu que eram nulas as declarações prestadas pelo réu na polícia, tão somente em função de laudo que atesta lesões em seu rosto, sem qualquer averiguação acerca da autoria dessas lesões. Quanto às lesões da vítima, embora materialmente comprovadas, o juiz entendeu que não estava comprovada a autoria, assim como não se podia comprovar a materialidade do estupro. Convencido pela palavra, mais 'sóbria' do acusado, em detrimento da palavra da vítima, 'aliás de péssimos antecedentes e alcoólatra inveterada', o juiz decretou a absolvição do acusado, por falta de provas. O Ministério Público não recorreu e, em 07 de agosto de 1985, a decisão transitou em julgado, tornando-se imutável."

"**NÃO MENTIRAM MÃE E FILHA.** Consta dos autos que no dia 25 de agosto de 1988, em São Paulo, por volta de 0:10 horas, L.B.O., pardo, pernambucano, meio-oficial eletricista, 29 anos, amasiado, tentou mediante violência física constranger V.B.A, com 14 anos de idade, à prática de estupro. A vítima retornava de ônibus - onde também se encontrava o indiciado - da escola para sua residência. Saltando do ônibus, foi ao encontro de sua mãe que a esperava e juntas seguiram em direção à sua casa. O indicado, que as perseguia, em ponto ermo do caminho avançou violentamente sobre a vítima, agarrando-a pelas costas e imobilizando seus braços, derrubando-a no solo, onde pretendia constrangê-la à conjunção carnal. A mãe da vítima atracou-se em luta com o indiciado, fazendo com que o mesmo largasse sua filha e se evadisse do local, impedindo, assim, a consumação do crime. Contrariado, este ameaça a mãe da vítima, dizendo que voltaria para matá-la, porque a conhecia. Consta, ainda, que a menor sofreu escoriações e lesões. Na fase policial, o indiciado confessou ter praticado o fato com intenção de manter relações sexuais com a vítima, sem saber explicar o que lhe acontece quado vê determinado tipo de mulher, pois 'começa logo a imaginar coisas e acaba por violentá-las'. Depoimentos de vítima e testemunhas são coerentes e harmoniosos tanto na fase policial quanto judicial, dizendo ter sido envolvido nesse processo por um policial com quem teve um problema pessoal. Foi absolvido em primeira instância, sob a alegação de que 'nenhum ato relativo a estupro foi exteriorizado pelo acusado' e que, quanto à ameça à mãe da vítima, essa não foi presenciada nem pela própria menor. Inconformado, o Ministério Público recorreu da decisão. Em segunda instância, o Tribunal de Justiça de São Paulo condenou o réu pela tentativa de estupro a 1 ano e 4 meses de reclusão, inicialmente em regime fechado, por acreditar que 'não mentiram a vítima e a mãe', bem como, por levarem em conta os péssimos antecedentes do réu. Do inquérito policial ao trânsito em julgado da decisão em segunda instância decorreram-se 3 anos."

"QUEM CALA, CONSENTE... QUEM GRITA TAMBÉM. J.F.P., vulgo 'Quinho', solteiro, 32 anos, pintor, instrução primária, no dia 03 de janeiro de 1990, desfrutando da liberdade por indulto de Natal, por volta de 9:30 horas, acercou-se de A.C.M.L, batista, de 16 anos, balconista, sua conhecida por ocasião das visitas que ela fazia a um tio seu preso na mesma penitenciária de J.F.P. Quando a vítima dirigia-se à Igreja, naquela manhã de quarta-feira, consta que, mediante ameaça à sua vida e de seus familiares, ele a raptou, levando-a para um prostíbulo onde, reiterando as ameaças, estuprou-a. Consta, ainda, que a manteve em cárcere privado por cerca de 11 dias, durante os quais sujeitou-a a violências sexuais, Depois desse tempo, a vítima foi resgatada por policiais militares. Denunciado por rapto, sequestro e cárcere privado, além do estupro, o réu defendeu-se alegando que não houve imposição da sua vontade através de força ou ameaças, pois a adolescente decidiu, de livre e espontânea vontade, estar com ele. Apesar de, nas alegações finais, o promotor afirmar que os três delitos imputados ao réu restaram comprovados, o juiz, sete meses depois, decidiu pela absolvição por falta de provas. Considerou que a vítima apresentou uma 'estória' fantasiosa e que 'não conduz à convicção de que tenha se utilizado de meios eficazes para evitar a consumação do alegado estupro, muito menos do rapto e do cárcere privado de que diz sofrido'. Entendeu que a vítima concordou passivamente com o réu, sem opor-lhe resistência, tendo havido, na verdade, um 'encontro eventual de velhos conhecidos'."

b. Casos referenciais da pesquisa "Estupro: análise preliminar de estereótipos de gênero no sistema de justiça brasileiro", de 2022

A VÍTIMA COM PERTURBAÇÃO MENTAL. Em um dos casos estudados, a vítima, então com 17 anos, noticiou, em novembro de 2013, que seu padrasto entrou em seu quarto, deitou-se por cima dela, a agarrou, forçou beijá-la, passando as mãos no corpo, seios e genitais sobre a calcinha e esfregou o pênis ereto em seu corpo. Diante de sua resistência, saiu rapidamente do quarto. A vítima narrou esse acontecimento para a mãe no dia seguinte e, depois de quatro meses, lavrou o boletim de ocorrência. Esse lapso temporal ocorreu porque a mãe tinha uma filha de 6 anos com o agressor e precisava de um tempo para encontrar uma outra casa para, então, se separar.

O laudo psicológico, que demorou 2 anos para ser realizado, foi usado contra a vítima, mesmo indicando, apesar de problemas psicológicos, a consistência do relato e a organização das ideias. Defesa e Poder Judiciário extraíram apenas as partes do laudo em que se mencionava, por meio da aplicação do teste Pirâmides Coloridas de Pfister, a possibilidade dos seguintes indicadores: excitação, impulsividade, irritabilidade, regressão (...) dissimulação, tendência a criar polêmica e confusões, (...). O mesmo laudo, entretanto, aponta que:

> Ao ser questionada em relação ao processo em tela, a examinanda apresentou relato objetivo e coerente com as informações contidas no processo. Durante sua avaliação, exibiu sinais de constrangimento, desconforto e choro. Não se notou eventual instrumentalização de sua vontade por terceiros. Desta forma, concluo que esta demanda pode ser vista sob a ótica da possibilidade de ocorrência de alguma forma de aproximação sensual.

Nesse caso, o desequilíbrio emocional da vítima foi explorado pela defesa e destacado pelo judiciário, que alegaram que ela só teria narrado os fatos à sua genitora no dia seguinte por "medo de ser coisa de sua cabeça".

A VÍTIMA PROFISSIONAL DO SEXO. A vítima, profissional do sexo, noticiou, em setembro de 2015, que foi estuprada por dois homens. Combinou um valor com o cliente, entrou no carro e foi surpreendida por outro homem. Foi puxada para o banco traseiro do veículo, encapuzada e obrigada a fazer sexo com os dois homens, sob ameaça. Ficou em poder dos acusados durante três horas e foi deixada na rua. Noticiou o crime, e os acusados foram abordados nas imediações, pela polícia, sendo certo que foi localizado o capuz referido pela vítima dentro do carro. Foram conduzidos à Delegacia e mesmo diante da situação de flagrante não foram presos.

A questão que se evidencia é: por que mesmo em uma situação de flagrante, os acusados não foram presos? Nossa hipótese é de que não houve a prisão dos envolvidos porque a vítima era profissional do sexo. Observe-se que, durante o processo, não houve questionamentos sobre essa falha de procedimento. Ao contrário: a não ocorrência da prisão em flagrante, nesse caso, serviu de argumento, na sentença, para colocar em dúvida a narrativa da vítima:

> Acrescente-se que não houve prisão em flagrante dos réus, os quais foram abordados pouco tempo depois dos fatos, sendo que a própria autoridade policial teve dúvidas quanto à prática dos fatos. A versão dos réus não pode

> ser excluída, podendo ser mesmo verossímil a versão por eles apresentada desde o início de que a relação sexual foi consensual e que pagaram pelo programa realizado com a vítima.

No presente caso, não se desconsidera que a vítima não foi localizada para comparecer em audiência e que esse fator foi elemento fundamental para a absolvição dos acusados. Todavia, o que se pretende chamar a atenção é para o fato de que uma falha da autoridade policial (ausência de prisão em flagrante) foi compreendida, pelo Poder Judiciário, como um forte indício da inocência dos réus.

A REAÇÃO DA VÍTIMA E O CONSENTIMENTO. SÍNDROME DA MULHER DE POTIFAR. Em abril de 2018, a vítima, quando caminhava pela via pública para retornar à sua casa no período noturno, foi abordada pelo autor do fato, que ofereceu-lhe uma carona. Porém, ao invés de levar a vítima para sua residência, levou-a para outro local, onde praticou o crime de estupro. Segundo narrado pela vítima, esta apenas conseguiu convencer o autor a levá-la de volta após horas sob seu poder. Assim que o autor a deixou em local próximo à sua residência, a vítima imediatamente se dirigiu a uma delegacia para noticiar o fato.

NNo entanto, após a instrução processual (inclusive com laudo psicológico que detectou a possibilidade da prática de violência sexual e atestou a coerência nas declarações da vítima; bem como laudo pericial que constatou a prática de conjução carnal), o autor foi absolvido. O principal argumento utilizado para a absolvição foi o fato de que a vítima aceitou a carona de um estranho e depois permaneceu na residência do autor por diversas horas, sem pedir socorro. Essas circunstâncias seriam diversas do que se considera como “padrão desse tipo”, mas, ao servirem de principal fundamento da sentença, são exemplos da culpabilização da vítima durante o processo. Esse caso, no contexto do presente trabalho, nos interessa porque na defesa do acusado, para colocar em dúvida a palavra da vítima, faz uso da suposta teoria desenvolvida pelo jurista Cleber Masson, segundo o qual, na análise da verossimilhança do relato da vítima, deve ser considerada a "síndrome da mulher de Potifar" A existência de tal teoria, de que mulheres podem acusar falsamente homens pelo fato de terem sido rejeitadas, merece nossa atenção e reflexão.

c. Reflexões sobre passado, presente e futuro. Resistimos e insistimos, mas avançamos?

Nós, mulheres, fomos e somos perseguidas, subjugadas, subalternizadas e mortas[56], sofremos com a discriminação e as violências de sociedades, grupos e indivíduos que naturalizaram a opressão de gênero. Foi, e é, preciso resistir e lutar para barrar e reverter os retrocessos em nossos direitos. Foi, e é, preciso insistir e lutar, repetidamente, para garantir a perenidade das nossas conquistas.

Nos últimos anos, ocorreram relevantes mudanças legislativas, que, como vimos, permiti-

---

[56] Em 2022, em média 4 mulheres foram vítimas de feminicídio por dia, de acordo com o Fórum Brasileiro de Segurança Pública.

ram que a dignidade sexual das mulheres passasse a ser tutelada como um Direito Humano. A Constituição de 1988 e as leis posteriores, criadas com perspectiva de gênero, retiraram, formalmente, as mulheres das sombras dos homens, nos dando autonomia e mecanismos de proteção dos nossos direitos. Trata-se, portanto, de um grande avanço no qual precisamos insistir.

Chama atenção, entretanto, que os casos apresentados atestam, depois de mais de 20 anos, a forma como os estereótipos de gênero seguem inculcados na cabeça dos integrantes do Sistema de Justiça e são, constantemente, reproduzidos nos julgamentos de crimes contra a dignidade sexual das mulheres. A diferença fundamental entre a primeira amostra de processos e a segunda, mais atual, reside apenas no fato de que, hoje, os estereótipos encontrados se apresentam de forma mais **sutil**.

Assim, o sistema penal segue expressando e reproduzindo a violência estrutural das relações sociais capitalistas e patriarcais. Conforme Vera Regina Pereira de Andrade assevera, além da violência sexual, a mulher torna-se vítima da violência institucional desse sistema. Ainda não nos desvencilhamos da condição de inferioridade que nos foi imposta historicamente.

> "(...) as mulheres foram, durante séculos, excluídas do 'direito de dizer a verdade'. E isso porque as mulheres, através da análise de sua 'essência' ou de sua 'natureza', foram discursivamente constituídas como objetos de saber e não como sujeitos de verdade. A construção da mulher como um ser 'mentiroso' é um enunciado que acompanha os discursos produzidos por teólogos, juristas e médicos sobre a inferioridade moral, espiritual e biológica das mulheres[57]."

A suposta inferioridade intelectual e moral das meninas e mulheres resulta na desconfiança na sua palavra. Por isso, vítimas de violência sexual precisam narrar detalhada e repetida-

---

[57] COULOURIS, Daniella Georges, 2010, p. 85, apud, CHAKIAN, Silvia, 2018, p. 27.

mente todas as informações, por mais difícil e sofrido que seja. Lamentavelmente, não é levado em consideração o pós-trauma decorrente desse tipo de violência: inconsistências, inibição, desconexão, lapso de memória, calma inesperada ou riso injustificado.

> É o caso das indagações sobre o seu comportamento antes, durante e depois do ato sexual, suas vestimentas, o fato de estar ou não sozinha naquele local, o motivo desse comportamento, o tempo exato de cada ato sexual, a ordem cronológica, suas reações e sentimentos, assim como as circunstâncias relacionadas ao autor do crime.

Mas não é só. Todas as informações fornecidas pela vítima costumam ser confrontadas, também, em relação aos demais elementos de prova na busca de uma intangível coerência absoluta[58].

---

[58] CHAKIAN, Silvia, 2018, p. 26

Assim, romper com a lógica patriarcal e machista, estrutural e estruturante da nossa sociedade, é um horizonte do qual estamos nos aproximando, mas que ainda está distante porque durante os julgamentos de crimes de estupro e de outros crimes contra a dignidade sexual, "defesa e acusação escolhem fatos da vida de cada um dos protagonistas de maneira a enquadrá-los em estereótipos opostos: vítima/pretensa vítima e estuprador/acusado incapaz de cometer um estupro". Dessa forma, o julgamento deixa de ser do fato e passa a recair sobre "o ajustamento da mulher e das famílias a determinada moral sexual e concepção de bons costumes[59]".

Enquanto formos tratadas como mentalmente perturbadas, vingativas ou interesseiras ao denunciarmos violências que sofremos, não teremos alcançado a igualdade material tão almejada. Para seguir avançando, o desafio está em superar a cegueira de gênero ainda presente..

---

[59] ARDAILLON, Danielle; DEBERT, Guita Grin, 1987.

Lamentavelmente, ainda é válida a crítica expressa no livro que analisou, em 1998, os estereótipos de gênero em julgamentos de crimes de estupro:

> **"Estereótipos, preconceitos e discriminações contra homens tanto quanto em relação às mulheres interferem negativamente na realização da justiça. Entretanto, há evidências de que o impacto negativo desse tipo de viés recai de maneira mais intensa e frequente sobre as mulheres. Estereótipos, preconceitos e discriminações de gênero estão presentes na nossa cultura e profundamente inculcados nas (in) consciências dos indivíduos; são, portanto, absorvidos também pelos operadores do Direito e refletidos em sua práxis jurídica. Essa absorção por vezes implica em uma verdadeira 'inversão de atores' nos processos, vale dizer, através dos discursos proferidos pelos operadores do Direito, as vítimas transformam-se em réus e vice-versa. A mensagem veiculada por esses agentes, mui-**

tas vezes, reforça a ideia de que o estupro é crime em que a vítima tem que provar que não é culpada e que, portanto, não concorreu para a ocorrência do delito[60].”

Também é válido ter em mente que, hoje, temos as ferramentas para as mudanças que queremos e que, parafraseando Paulo Freire, **devemos nos mover na esperança enquanto lutamos e lutar com esperança, esperançando[61]**. Importa levar adiante a luta por mais avanços quanto à equidade de gênero, não apenas através do debate público, mas inclusive na rotina do nosso dia a dia - em casa, no transporte, no trabalho nas salas de aula, nos momentos de lazer, em festas, em atividades esportivas ou em qualquer outra situação.

---

[60] PIMENTEL, Silvia; SCHRITZMEYER, Ana Lúcia P.PANDJIARJIAN, Valéria. Estupro: crime ou “cortesia”. Abordagem sociojurídica de gênero. Porto Alegre: Sergio Antonio Fabris Editor, 1998.

[61] FREIRE, Paulo. 2004, p. 47.

Importa “segurar a primavera entre os dentes”.

Quem tem consciência para ter coragem
Quem tem a força de saber que existe
E no centro da própria engrenagem
Inventa contra a mola que resiste
Quem não vacila mesmo derrotado
Quem já perdido nunca desespera
E envolto em tempestade, decepado
Entre os dentes segura a primavera

(SECOS E MOLHADOS. Primavera nos dentes. 1973, Warner Music Brasil Ltda.)

Bibliografia

ANDERY, Maria Amalia Pie Abib. apresentação. In: PIMENTEL, Silvia; PEREIRA, Beatriz; MELO, Mônica de. Estupro: perspectiva de gênero, interseccionalidade e interdisciplinaridade. - Rio de Janeiro: Lumen Juris, 2018.

ARDAILLON, Danielle; DEBERT, Guita Grin. Quando a vítima é mulher: análise de julgamentos de crimes de estupro, espancamento e homicídio. Centro de estudos e documentação para ação comunitária, CEDAC. Conselho Nacional dos Direitos da Mulher, CNDM. 1. ed. 1987

BARWINSKI. Sandra Lia Bazzo. Poder, dominação e resistência:Lei Maria da Penha e a justiça de gênero. - Rio de Janeiro: Lumen Juris, 2019.

BIANCHINI, Alice; BAZZO, Mariana; CHAKIAN, Silvia. Crimes contra mulheres: 2. ed. rev. e atual. - Salvador: Editora JusPodivm, 2020

BIANCHINI, Alice ... [et al]. Crimes contra Crianças e Adolescentes - São Paulo:Editora JusPodivm, 2022

BIROLI, Flávia. Gênero e Desigualdades, limites da democracia no Brasil. 1a. ed. São Paulo: Boitempo, 2018

BOBBIO, Norberto. A Era dos Direitos. GEN LTC; 2ª edição, 2004.

BOUJIKIAN, Kenarik. prefácio. In: PIMENTEL, Silvia; PEREIRA, Beatriz; MELO, Mônica de. Estupro: perspectiva de gênero, interseccionalidade e interdisciplinaridade. - Rio de Janeiro: Lumen Juris, 2018.

Buchwald, E., Fletcher, P. R. & Roth, M. (Eds.). (2003). Transforming a rape culture. Minneapolis: Milkweed Editions. (Trabalho original publicado em 1993).

BUENO, Winnie. Uma perspectiva feminista negra para os direitos humanos. Perspectiva de enegrecimento do Direito pela atuação de mulheres negras desloca gramáticas estabelecidas. Jota, 05/08/2020. Disponível em <https://www.jota.info/opiniao-e-analise/artigos/uma-perspectiva-feminista-negra-para-os-direitos-humanos-05082020>. Acesso em 5 de mar. 2021.

BUENO, Winnie. Imagens de controle: um conceito do pensamento de Patrícia Hill Collins. Porto Alegre: Zouk, 2020.

CARNEIRO, Sueli. Escritos de uma vida. Belo Horizonte: Letramento, 2018.

CARNEIRO, Sueli. Enegrecer o feminismo: a situação da mulher negra na América Latina a partir de uma perspectiva de gênero.

In: HOLLANDA, Heloisa Buarque de (org.). Pensamento Feminista Hoje: perspectivas decoloniais. Rio de Janeiro: Bazar do Tempo, 2020, p. 313-320.

CHAKIAN, Silvia. A palavra da mulher vítima de violência sexual. In: PIMENTEL, Silvia; PEREIRA, Beatriz; MELO, Mônica de. Estupro: perspectiva de gênero, interseccionalidade e interdisciplinaridade. - Rio de Janeiro: Lumen Juris, 2018.

______. A Construção dos Direitos das Mulheres - histórias, limites e diretrizes para uma proteção eficiente. Rio de Janeiro; Editora Lumen Juris, 2019.

CRENSHAW, Kimberle. A interseccionalidade na Discriminação de Raça e Gênero. o Dossiê da III Conferencia Mundialcontra o Racismo (Durban, 2001), publicado pela Revista Estudos Feministas, no1, 2002.

DALLARI. Dalmo de Abreu. Os Direitos da Mulher e da Cidadã por Olímpia de Gouges. 1a ed. São Paulo; Editora Saraiva, 2016.

DORA, Denise. Estado da Arte no Brasil das Críticas Feministas ao Direito: perspectivas feministas no campo dos Direitos Sexuais e Direitos Reprodutivos e no Direito de Família. In. Consórcio Lei Maria da Pena pelo Enfrentamento a Todas as Formas de Violência de Gênero contra as Mulheres. Tecendo Fios das Críticas Feministas ao Direito no Brasil, 1a. ed. Ribeirão Preto; FDRP/USP, 2019

FEDERICI, Silvia tradução SYCORAX, Coletivo. O Calibã e a Bruxa, Mulheres, Corpo e Acumulação Primitiva. 1a ed. São Paulo; Editora Elefante, 2017.

_________. tradução CANDIANI, Heci Regina. Mulheres e Caça às Bruxas. 1a ed. São Paulo; Editora Boitempo, 2019.

_________. tradução SYCORAX, Coletivo. O Ponto Zero da Revolução. 1a ed. São Paulo; Editora Elefante, 2019.

FACIO, Alda; FRIES, Lorena. Feminismo, género y patriarcado. In: LA MORADA – Corporación de Desarrollo de la Mujer. Genero y Derecho. Santiago de Chile. 1999. p. 6-38. Disponível em: <http://www.observatoriojusticiaygenero.gob.do/documentos/PDF/ publicaciones/Lib_genero_derecho.pdf>. Acesso em: 05 nov 2018.

FREIRE, Paulo. Pedagogia do oprimido. São Paulo: Paz e Terra, 2004, p.47.

GIDDENS, Anthony. Sociologia. Trad. Alexandra Figueiredo; Ana Patrícia Duarte Baltazar; Catarina Lorga da Silva;

Patrícia Matos. Lisboa: Fundação Calouste Gulbenkian, 2008.

IZUMINO, Wânia Pasinato. Justiça criminal e violência contra a mulher: o papel do sistema judiciário na solução dos conflitos de gênero. 1996. Dissertação (Mestrado) - Universidade de São Paulo, São Paulo, 1996. . Acesso em: 10 nov. 2022.

MARTINS, Ives Gandra da Silva; CARVALHO, Paulo de Barros. Ideologia de Gênero. 1. ed. São Paulo: Noeses, 2016.

MELO, Mônica de. Direito fundamental à vida e ao aborto a partir de uma perspectiva constitucional, de gênero e da criminologia. 1a ed. Curitiba: Appris, 2022.

OLSEN, Frances. El sexo del derecho. In: RUIZ, Alicia E. C. Identidad femenina y discurso jurídico (comp.). Colección Identidad, Mujer y Derecho. Buenos Aires: Editorial Biblos, 2000. p. 25-42.

______. El sexo del derecho. In: KAIRYS, David (ed.). Politics of Law. Traducción de Mariela Santoro y Christian Nueva York: Pantheon. Courtis, 1990 p. 452-467, Disponível em <http://equis.org.mx/wp-content/uploads/2016/01/S_1_2.pdf>. Acesso em 28 ago. 2017.

PEREIRA, Beatriz; NORMATON, Anna. "Aprender a ser Mulher"? O Estupro "Corretivo" e a barbárie contra mulheres lésbicas, bissexuais e homens transexuais. In: PIMENTEL, Silvia; PEREIRA, Beatriz; MELO, Mônica de. Estupro: perspectiva de gênero, interseccionalidade e interdisciplinaridade. - Rio de Janeiro: Lumen Juris, 2018.

PIMENTEL, Silvia; SCHRITZMEYER, Ana Lúcia P.PANDJIARJIAN, Valéria. Estupro: crime ou "cortesia"? Abordagem sociojurídica de gênero. Porto Alegre: Sergio Antonio Fabris Editor, 1998.

PIMENTEL, Silvia. A Mulher na Constituinte, uma Contribuição ao Debate. 2a ed. São Paulo; Cortez Editora, EDUC, 1987.

________. Aborto: discriminalizar para não criminalizar. In. PEREIRA, Irotilde G [et al]. Aborto Legal: implicações éticas e religiosas. 1a. ed. São Paulo. Católicas pelo Direito de Decidir, 2002. p. 77-98.

________. Direitos Sexuais e Reprodutivos. Fragmentos de Reflexões. In. COMITÊ LATINO AMERICANO E DO CARIBE PARA A DEFESA DOS DIREITOS DA MULHER. Direitos Sexuais. Direitos Reprodutivos. Direitos Humanos. 1a. ed. São Paulo, CLADEM, 2003. p. 155-170.

________. A superação da cegueira de gênero, mais que um desafio, é um imperativo. Revista Direitos Brasília n. 2 p. 27-30 jun. 2009.

______. Gênero e direito. Enciclopédia Jurídica da PUC-SP, Tomo Teoria Geral e Filosofia do Direito, Edição 1, Abril de 2017. Disponível em: https://enciclopediajuridica.pucsp.br/verbete/122/edicao-1/genero-e-direito. Acesso em 30 de out. 2022

_______; BIANCHINI, Alice. Feminismo (s). São Paulo: Matrioska Editora, 2021.

SAFFIOTI, Heleieth I. B.. O poder do Macho. São Paulo: Moderna, 1987.

SCOTT, Joan Wallach. Gênero: uma categoria útil de análise histórica. Educação & Realidade, Porto Alegre, v. 20, n. 2, p. 71-99, jul.-dez. 1995.

SEGATO, Rita. Cenas de um pensamento incômodo: gênero, cárcere e cultura em uma visada decolonial. Bazar do Tempo; 1ª edição, 2022.

TELES. Maria Amália de Almeida. Estupro e cimes sexuais na ditadura militar. In: PIMENTEL, Silvia; PEREIRA, Beatriz; MELO, Mônica de. Estupro: perspectiva de gênero, interseccionalidade e interdisciplinaridade. - Rio de Janeiro: Lumen Juris, 2018.

Anexos

1. Dados sobre violência sexual no Brasil e no mundo

2. Convenção CEDAW/ONU

3. Convenção de Belém do Pará/OEA

4. Recomendação Geral 33 do Comitê CEDAW/ ONU, sobre Acesso das Mulheres à Justiça

5. Recomendação Geral 35 do Comitê CEDAW/ ONU, Sobre Violência de Gênero contra as Mulheres

6. Livro "Estupro: crime ou 'cortesia'" , de Silvia Pimentel, Ana Lúcia P. Schritzmeyer e Valéria Pandjiarjian

7. Artigo "A relevância da perspectiva de Gênero no direito penal", de Silvia Pimentel e Alice Bianchini no Boletim Criminal comentado nº 200, de setembro de 2022, do CAOCrim, Ministério Público de São Paulo

8. Bibliografia da Profª Silvia Pimentel

9. Diretrizes Sobre Assédio Moral e Sexual - PUC-SP.